남자가 아프다

남자가 아프다

초판 1쇄 인쇄 2014년 1월 10일
초판 1쇄 발행 2014년 1월 15일

지은이 유경한
펴낸이 金泰奉
펴낸곳 한솜미디어
등록 제5-213호

편집 박창서 김수정
마케팅 김명준
홍보 김태일

주소 143-200 서울시 광진구 구의동 243-22
전화 (02)454-0492(代)
팩스 (02)454-0493
이메일 hansom@hansom.co.kr
홈페이지 www.hansom.co.kr

값 12,000원
ISBN 978-89-5959-381-1 (03810)

오늘을 살아가는 남자들의 서글픈 이야기

남자가 아프다

유경한 지음

| 추 | 천 | 의 | 글 |

어느새 가끔 뒤를 돌아다보는 나이가 됐다. 당시, 사치는 누구에게나 당치도 않던 이야기였을 것이다. 그저 그렇게 사는 줄 알았기에 그냥 그렇게 살 수밖에 없었다. 앞만 보고 달려온 내 모습을 이제야 발견한 듯 마음이 아려 밤새 잠을 이룰 수 없었다. 맥없이 그냥 주저앉을 수 없어 결국 남자는 마음 기댈 고향을 찾아 떠났고 나도 그를 따라 같이 울고 말았다.

울타리 같았던 현시대의 가부장이 기댈 곳 없어 흔들리는 모습에 위로하고 공감하기에 돌아볼수록 긍정하지만 마음은 여전히 불편하다. 오늘 밤엔 가족끼리 모여 앉아 서로의 얼굴을 쳐다보고 웃으며 이야기하고 싶다. "난 절대 아프지 않을 거야"라고.

- 김천 직지초등학교 교장 **김종환**

베이비부머 세대는 물론 오늘을 사는 이 시대 남성들의 아픔을 이야기하는 책이다. 또한 남존여비 사회가 여존남비의 여성우위 시대로 변하는 세태를 강력하게 고발한다. 그러나 작가는 무기력한 남성을 두둔하거나 동정하는 대변인도 아니고 기세등등해진 여성을 비판하려는 남성 우월주의자는 더더욱 아니다. 오히려 남성과 여성 간의 조화와 균형을 통하여 모든 가정의 평온과 행복을 유지함으로써 우리 사회가 그 어느 때보다 더 평화로운 삶의 터전이 되기를 갈망하고 있다.

- 교육부 중앙교육연수원 교수, 철학박사 **김진규**

'여존남비'란 생경한 용어 하나를 책 속에서 발견했다. 그러나 이구동성, 그게 현실이란다. 거부감이 들었지만 청춘이란 에너지가 고갈돼 가는 지금, 생각해 보니 고개가 끄덕여지기도 한다. '남존여비', '남녀동등'에서 '여성상위'까지. 시대가 이렇게 변함을 인정하는 게 지혜란다. 여자도 여자를 처음 볼 땐 몸매부터 본다는 여자 심리를 이해해야 한단다. 죽는 날까지 사랑한단 말만 듣고 싶어 한다는 여성 심리를 알고 있어야 지혜로운 남자라니, 글쎄… 책을 읽는 동안 작은 바람이 하나 생겼다.
"여성들이여! 너무 아프다고 신음하는 남성들 편 좀 들어주시죠."

— 전 (주)동일패브릭 이사, (주)R&P 대표이사 **류강호**

불안정한 오늘, 그리고 불투명한 미래. 젊다는 것 때문에 뭣이든 가능했던 청춘이란 자원이 잠시 방황하던 중년. 젊어 한때는 일탈적 충동을 극복하느라 그들의 청춘은 기울어 어둑한 그림자만 보였다. 중년의 소망 또한 연속적 위기에 사느라 관대함을 잃어버렸던 것 같다.
요동하는 시대였지만 그래도 흔들림 없는 약속 안에 살고 싶었다. 나이는 분명 장애였다. 그 장애물이 작아보였다면 선동적 무리들에 가담치 않았을 것이다. 허탈감, 권태감도 잘 극복했을 것이다. 일편단심, 오매불망, 지고지순을 되찾고픈 꿈을 꾼다. 나이가 들어도 늙을 줄 모르는 그런 외골수도 되고 싶다. 사춘기를 다시 경험할 수는 없지만 중년의 사춘기라도 한 번 겪어보고 싶다. 내 편을 들어주려 작가가 내 손을 치켜세워주려고 할 때…, 중년의 희망나무를 심고 가꾸며 나누기 위해….

-희망나무 커뮤니티 일꾼 **양훈모**

언젠가부터 7080이란 단어가 자주 띈다. 꽤 시청률 높다는 모 방송국 TV 콘서트 프로그램. LP음반으로 그 시절 추억까지 들려주는 라디오와 7080세대를 위한 라이브카페까지…. 암울했던 시대에 청춘을 보냈던 그들을 위한 관심, 배려라면 오늘의 청춘들이 고맙지 않을 수 없다. 이 책을 통해 고뇌와 주림의 시대를 살았던 그들의 상실감에 공감하며 크게 위로를 받은 것 같다. 그래서일까, 추(錘)가 여성 쪽으로 급속히 기우는 걸 우려하는 작가에 솔직히 한 표를 던지고 싶어진다.

- 전 서울행정법원 판사, 법무법인 '공존' 대표변호사 **전종민**

『남자가 아프다』는 제목을 보는 순간, 노회한 아버지의 굵은 주름이 떠올랐다. 내 눈엔 항상 슈퍼맨이었고, 앞으로도 그럴 것이라 믿었던 남자. 하지만 '자식'이라는 게 무슨 특권이라도 되는 양 우리가 무심코 툭툭 내뱉었던 말 때문에 그의 마음속엔 지금 아쉬움, 쓸쓸함, 외로움이 가득 차 있을지 모른다. 스스로도 아버지인 작가는 우리 '아버지'들에게 조그만 힘이라도 보태기 위해 이 책을 썼을 게 분명하다. '

남존여비' 시대로의 회귀를 원하는 건 결코 아니다. 하지만 이젠 '남존', '여존'을 떠나 '父尊'의 시대가 됐으면 하는 바람을 이 책을 통해 가지게 된다.

– MBC 문화방송 사회부 기자 **조국현**

우연히 한 공공기관 채용 공고문을 읽다가 한숨이 나왔다. 가산점을 주는 '사회적 약자 대상'에 난데없이 '여성'이 적혀 있었다. 여성이 사회적 약자라니…. 진정한 페미니스트라면 자존심이 크게 상해 격노해야 하건만 해당 기관을 향한 여성들의 항의는 별로 없는 모양이다.

여성 자체를 약자로 규정하는 편향적 배려가 오히려 진정한 양성평등을 망치는 지름길이다. 남자도 분명 약자일 수 있다. 남자라고 태어나서 세 번만 울어야 하는 건 절대 아니다.

남자들이여! 사회가 부여하고 있는 괜한 책임감과 자존심을 남자라는 이유만으로 감내하지 말고 힘들다면 내려놓을 줄도 알아야 한다. 그게 진정한 양성평등이다.

– 동아일보 사회부 기자 **조동주**

(가나다순)

남
자
가
 아
프
다

추천의 글
• 004 •

전부 전무(全部 全無)
• 011 •

염곡(鹽谷)
• 081 •

남자 편(便) 들어주기 위한
에필로그
• 121 •

전부 전무(全部 全無)

서울역은 오늘도 여전히 붐볐다.

대부분의 종착역이 부산이라 적혀진 운행표에서 어렵사리 경주행 시간표 한 줄을 찾아내었다. 매표소 안에 매달린 소형 마이크를 통해 역무원은 쉼 없이 승객들의 행선지를 따라서 복창했다.

대한민국 땅 중간쯤을 세로로 질러가는 경부선.

'그래 대한민국 거의 대부분은 경부선 주변에 모여 그렇게, 그렇게 살고 있을 거야.'

휴가 장병 차림의 일등병이 바로 내 앞에서 경주라 소리 지르며 지폐 몇 장을 매표원 앞으로 밀어넣었다. 사병 형편에 비해 운임이 꽤 비싼 승차권을 받아든 일등병은 쏜살같이 어디론가 사라져버렸다.

유족(有足)한 자들로 메워졌으나 비류(非類)들 때문에 망가져 가는 도시.

상흔과 이기심으로 사람을 함부로, 제멋대로 힐문(詰問)하여 망가뜨려버리고 말 것 같은 도시….

'그래, 그건 그것 때문이야.'

나는 20여 년 가까이 경상도 내륙을 벗어나 본 적이 없었다. 중학교 2학년 가을 수학여행에서야 비로소 산간 오지 바깥세상을 처음으로 볼 수 있었다. 학교 운동장 느티나무 아래서 휘발유 냄새 그럴듯하게 뿜어대던 대절 버스에 올라 그 멀고 먼 경주 포항 길을 휘돌면서 만나게 된 검푸른 바다를 보고 탄성을 내질렀던 기억이 아직껏 가슴 깊숙이 박혀 있다.

열세 살 시골아이 눈에 처음으로 들어와 박힌 바다는 정말 넓고 컸다.

기껏 마을 앞 포플러 숲 얕은 물속에 뛰어들어 물장구치며 멱감던 개울이 전부였던 내 눈앞에 펼쳐진 거대한 바다의 신비함 때문에 그날 얼마나 가슴이 벅차고 설레었는지 모른다.

눈만 뜨면 코앞에 턱 버티고 있던 해발 수백 미터짜리 앞, 뒷산이 가슴을 틀어막았던 초막 우리 같던 곳.

나는 오랫동안 세상 대부분은 그렇고 그런 줄로만 알아왔다. 그러나 그때 나는 장엄한 바다, 막힘 하나 없던 그런 바다를 처음으로 보았다. 거대한 바다는 그날 나를 얼마나 들뜨게 했는지 모른다.

어쩌면 오랫동안 나는 그런 설렘으로 인해 한동안 내 최면에 빠져 있었는지도 모른다. 무서울 만큼이나 엄숙했던 바다. 크나큰 용트림을 하는 것 같으면서도 결국엔 그 끝점을 보여주지 않던 바다였다. 세상을 단번에 집어삼키고도 남을 것 같은 그런 바다였지만 까맣게 그을린 소년 앞에서 만큼은 너무 태연자약했다.

그때로부터 어언 30여 년이 훌쩍 넘어버린 오늘, 하마터면 잊어버릴 뻔했던 그 바다를 찾아 이렇게 나섰다. 과거가 만들어낸 추억. 그런 회억(回憶)마저도 잊고 살 수밖에 없었던 쇠미(衰微)한 도심의 바보가 되고만 내 손엔 지금 도시 탈출용 티켓이 쥐어져 있다. 수없이 모해(謀害) 당해 왔던 가슴이 금방이라도 터져버릴 것 같다. 그런 온역(瘟疫)의 절박감에 나는 지금 다급해져 있다. 강포한 자들의 집요한 추적에 현황(玄黃)된 난 지금 침이 마르고 있다.

또다시 길게 늘어선 개찰구 긴 줄에 끼어서 앞 사람의 뒤꼭지를 우두커니 보았다. 조금 전 내 앞에서 경주행 표를 샀던 사병이 궁금해지기 시작했다.

전투모까지 칼 주름을 잡았던 일등병은 두 줄로 늘어선 대열

그 어디에도 보이지 않았다. 왠지 애가 타기 시작했다. 발뒤축을 들어보기도 하고 도수 잔뜩 높아진 안경을 콧잔등으로 더 추어올려 역사 구석구석을 두리번거려 보았다. 약국 앞에도, 신문판매대 앞에도 군인은 보이지 않았다.

덜컥 겁이 나기 시작했다.

'넉넉지 못한 휴가비를 쪼개어 비싼 표를 샀을 텐데… 돈도 돈이지만 오랫동안 가슴에 담고 사무쳤던, 마음을 녹이며 그렇게나 기다리고 기다렸던 이들과의 상봉도 그만큼 늦어질 텐데… 그렇게 되면 늦어진 만큼 헤어짐은 빨라지고 말 텐데….'

번쩍이는 검표기를 쥔 역무원이 손에 들린 노란 표를 낚아채 갔다.

"선생님, 경주행은 아직 멀었습니다."

바로 뒤에 서 있던 청년이 '그런 것도 확인 않고 줄을 섰냐?'고 힐책하듯 힐끔거렸다.

'그래 맞아. 제깟 것들이 제 방식으로 정해 놓은 시간 외엔 절대 떠나는 법이 없지…. 그래 맞아. 언제든 가고 싶을 때 당장에라도 갈 수 있는 자가용이, 그래 그게 없다고 아내와 아이들이 그렇게나 날 원망했겠지? 왜, 나는 지금껏 운전도 배우지 못했을까? 아니야, 난 아예 배울 생각을 않았던 거야.'

하루에도 수십 수백 건씩 일어나는 끔찍한 교통사고. 처참하게 일그러지고 부서진 참혹한 잔해들. 언제나 다급한 구급차의 급박한 경적과 사이렌 소리. 그리고 응급실에서 몇 번 맡아본 적 있던 피비린내.

'내 아내가, 내 아이들이… 만약에 그렇게 된다면….'

그런 흉측한 상상만으로도 금세 다리가 후들거려진다.

'그래, 지금껏 자가용이 없었다는 게 나중엔 오히려 다행으로 여겨질 거야. 틀림없이…. 그래 그러면 된 거야. 아니야, 그래도 아직은 몰라. 아내와 딸아이는 이미 나 몰래 면허증을 만들어 가지고 있어. 아들 녀석도 면허시험에 응시할 나이가 되면 바로 운전학원엘 등록할 거야. 틀림없어. 지금까진 내가 절대 용납지 않았기 때문에 승용차 구입하는 게 불발에 그쳤지만 만약 내가 죽고 나면…. 물론 내가 아내보다 먼저 죽겠지. 그렇게 되면 아이들 성화에 아내는 금방 손을 들어버리고 말겠지? 어쩌면 내 장례를 마치자마자 아내는 맨 먼저 자동차 판매사원을 만나게 될 거야, 그래 틀림없어.'

온갖 잡동사니 생각에 붙잡혀버린 자신이 한심스러웠다.

너무나 보잘것없어 허접쓰레기가 되어버린 내 허무의 심연(深淵).

입신양명을 위해서라면 인격조차도 가차 없이 내동댕이쳐버리는 모반(謀反)의 도시.

'그래, 30여 년 만에야 겨우 생각해 낸 작은 포구. 옹기종기한 이 땅 지도 동쪽 토끼 꼬리 둘레 까만 바위 사이사이로 빨리 가고 싶다.'

걸음을 재촉하여 당장 그곳에 닿기만 한다면? 그곳 속속들이 새미(細美)하게 품어내는 바닷사람들의 향기를 맡을 수 있을 것이다. 초라하게 낡아 남루해진 내 인생 한가운데로 쏟아져 들어올 게 분명한 열세 살 적의 그 바다. 옥 같은 잔돌 속을 구를 것 같은 하얀 파도가 끝없이 헤집을 것 같은 바다. 어쩌면 지금 그곳엔 말쑥한 바다와 도도한 노송들이 눈에 부신 가을 하늘을 머리에 이고 나를 기다리고 있을지 모른다.

손목시계를 다시 들여다보았다. 마치 건전지 수명이 다 되어가는 듯 초침 건너뜀이 너무 더뎌서 자꾸 초조해진다. 더위가 물러간 지 꽤 오래되었음에도 이마에 땀이 맺힌다. 아내가 즐겨 쓰는 미모사향 헹굼 세제가 듬뿍 배인 손수건으로 이마를 찍어내었다. 눈꼬리에서 손수건을 막 쓸어내리려 할 때, 한참 동안 시야에서 놓쳐버렸던 일등병을 다시 찾아내었다.

일등병은 화장실 옆 흡연실 안에서 파란 연기 한 모금을 물고 있었다.

얼마나 반가웠던지 나도 모르게 손을 번쩍 들어버릴 뻔했다. 먼발치의 군인은 빵집과 김밥집을 기웃거리며 어슬렁거렸다. 개찰구 앞에는 잠시 동안에도 여러 번의 줄이 생겼다 사라짐을 거듭했지만 나는 일등병 쫓는 일에만 정신을 팔았다.

일병은 둔탁하게 생긴 스쿠버용 시계를 한 번씩 힐끔 들여다보다가는 또다시 흡연실로 들어가 담배를 빼어 물었다. 순간 나도 강렬한 니코틴 충동이 일어났지만 하나뿐인 좁은 흡연실 안에서 새카만 군인과 맞담배질하는 게 아무래도… 좀 그랬다.

어렵사리 전광판에 경주행이라는 점자 고추 불 글씨가 돋아났다 금세 사라진다. 새로운 줄이 또 만들어졌지만 일등병은 뛰어나와 가지런한 줄에 끼일 생각을 않는다.

'그래, 꼭 25년 전, 내가 책임져야 했던 전방 부대 소대장 시절 기억 때문일까?'

이번엔 나이가 꽤 들어 보이는 역무원이 나타나 개찰구를 활짝 열어젖혔다. 그는 아이 업은 맨 앞 여인 손에 꼬깃이 들려진 노란 표에 작은 구멍 여러 개를 내었다. 대열은 갑자기 성급해지며 단단했던 줄이 일렁였다.

일확천금과 부윤(府尹), 우두머리가 되기 위해 내지르는 비류들의 발악적 비명이 횡행하는 거대도시를 물리치고 아직까진 그래도 솜털이끼쯤은 살아 있을 게 분명한 작은 도시를 향해 떠나

갈 열차.

　추악한 결탁이 덕지덕지 붙은, 겉으로만 완벽해 보이는 허구의 도시로부터 계절의 울림이 개울소리 자장가로 만들어질 곳을 향해 떠날 열차….

　열차 안은 텅 비어 있었다. 객차 연결점에 붙은 화장실을 지나 표에 적힌 좌석을 찾았지만 그 자리엔 이미 어떤 노부부가 나란히 앉아 있었다. 남의 지정석에 태연스레 앉은 머리 하얀 부부 모습이 참 보기에 좋았다. 나는 슬그머니 승차권을 아무렇게나 구겨넣고 아무 곳에나 슬며시 앉기로 마음먹었다.
　'그래, 이미 정해진 자리 따윈 개의치 않고 마음에 드는 곳이면 어디든 편하게 자리 잡을 수 있는 노부부가 지금 부러울 뿐이다.'
　정렬되어 늘어선 자줏빛 시트마다 덧씌워진 하얀 커버는 흡사 태권도복 차림으로 중대본부 앞에 집합했던 고만고만한 병사들 같아 보였다.
　살빛 까만 일등병은 어디에도 보이질 않았다. 차창 밖으로 보이는 정지된 플랫폼 풍경에 가슴이 답답하다. 덧칠되었고 이젠 적당(敵黨)들의 득죄(得罪)를 분별할 능력조차 없어졌으면서도 자꾸 해코지만 더 하려고 발악하는 붙듦의 도시, 서울.
　서늘한 도시, 서울… 이곳을 빨리 벗어나면 좋으련만….

뭉뚱그려버리면 안 되고 주눅이 들어도 절대 안 되는, 악바리여야만 살아남을 수 있는 반이성적 묵시의 땅….

거대한 쇳덩어리가 용트림하듯, 한껏 엔진 출력을 높인 열차가 굉음을 토해내기 시작했다.

'허위와 식언들로 넘치는 곳으로부터 제발 빨리 좀 떠나자. 사방 천지엔 위해한 것들뿐이고 인간의 가치는 훼손되어 사방이 너덜거린다. 그럼에도 죽지 못해 부여잡은 삶의 마지막 끄나풀마저 노략질당해 버린 이 살벌한 궤계(詭計)의 도시에서 제발 좀 벗어나게….'

잠자리에서 막 일어난 머리 굵은 사내아이의 성기 끝처럼 꿈틀대던 쇳덩이가 미끄덩거리며 플랫폼을 벗어나기 시작했다. 그렇게 벼르고 벼르던 이탈이 시작되고 있었다. 혹심하게 느껴졌던 도시의 잔해들이 차창 밖으로 하나둘씩 쓰러져갔다.

이미 오래전, 영걸(英傑)한 자들의 징치(懲治)에 쓰러져버린 검불 같던 사람들과 날이면 날마다 너무 바빠 금방이라도 죽고 말 것 같던 누런 사람들이 하나씩 레일 옆으로 쓰러지고 있었다. 조바심으로 가득 덮인 눈꺼풀 위로 숱한 그림자들이 서걱서걱 소리 내며 레일을 따라간다.

'그래, 그렇더라도 난 눈을 뜨지 않을 거야…. 죽기 살기 아니면 살아남을 수 없고 그래서 유혼(幽魂)이 넘치고 검붉은 핏빛만이 혼재된 이 도시에서 떨어져 나가 초개(草芥) 같은 이방인이 될 때까지는 절대 눈을 뜨지 않을 거야.'

"김 부장, 일본 출장으로 처리해 놓겠네. 머리 좀 식히라고."
"…"
"아니면 이참에 진짜 일본서 좀 쉬다 오던지. 요즘이 아주 좋을 때야. 벳푸 쪽으로 가서 온천도 좀 하고 말이야. 제대로 못 쉬어 본 게 아마 30년도 넘었지?
"…"
"나나 김 부장한테도 한창 좋았던 시절이 있었건만 그놈의 일에 미쳐 사느라고…. 그래 그동안 참 수고가 많았지, 그럼, 그럼. 내가 잘 알지…. 알고말고. 그렇지만, 난 말이야 오히려 자네가 부러운 것 같아. 솔직히 나도 이젠 좀 쉬고 싶거든."
"…"
"아직도 기억에 생생하구먼. 벌써 햇수로… 25년이 되었지? 내가 막 결혼하던 해였으니까. 뒤돌아보니 내게도 서른일 때가 있었구먼그래. 최전방 부대 위병소 옆에 딸린 면회실에서 중위 계급장 단 자넬 처음 만났던 게 말이야."

조 전무가 담배를 빼어 물었다. 깊은 한숨과 함께 들이마신 연기를 그는 폐부에 깊이 넣었다가 창밖으로 뿜어내었다.

"장기복무 아니면 국영기업체만을 고집하던 자네 생각을 어렵사리 접게 하고 우리 회사로 끌고 온 게 바로 난데…."

"…"

"생각해 보면 그동안 난 자네를 잘 지켜주지도 책임져주지도 못했어. 돌이켜보니 그게 가장 미안한 것 같아. 자네와의 인연이 여기까진 줄 진작 알았더라면… 그렇지만 그동안 내가 자네에게 왜 그렇게 무심한 척했는지 아는가?"

"…."

"자네는 오로지 잘하는 게 일뿐이었으니 내가 딱히 도와줄 게 뭐 있었겠나."

번들거리는 전무 방을 나올 때 손에 쥐여주던 봉투 두께는 그의 방 평수만큼이나 넉넉했다. 조 전무보다 한 뼘은 더 커 보이는 여비서가 판에 박힌 미소를 흘렸다. 수백 명의 일벌레들이 이 큰 빌딩 속에서 치열한 사투를 벌이고 있다. 하지만 여름 나절 베짱이처럼 무료함에 몰려드는 잠을 쫓으려 애쓰는 나른한 사람도 여기 이렇게 버젓이 있다. 여비서는 또 들르라는 헛인사를 깍듯이 했다. 두툼한 카펫을 밟고 전무 방을 나서자 번쩍이는 엘리베이터가 커다란 입을 벌리고 있었다. 전무 의자보다 한없이 낮고 초라해 뵈는 자신의 낡은 자리로 돌아와 엉거주춤 엉덩이를 얹었다.

살갑게 정을 나누며 일을 나누어왔던 부하직원들이 돌아가며 내 눈치를 힐끔힐끔 살폈다.

'내 최초의 꿈이 잉태되는 산실인 줄 알았던 이 자리는 그 꿈의 이름과 동시에 좌절도 배태되기 시작했던 거야. 내가 여태껏 그걸 몰랐던 거야. 유덕(有德)한 자들이라곤 하나 찾아볼 수 없는, 인색하고 영악키만 했던 소욕의 땅. 서울엔 이젠 푸성귀 한두 포기 살아남을 수 있는 기름진 흙이 없었고 허허로운 삶의 굽이굽이들은 한 번도 자유롭게 날 풀어주지 않았어.'

하늘엔 이미 해가 없었다. 목이 뻣뻣해질 때까지 올려다보았지만 서울 하늘엔 별도 없고 달도 없었다. 수많은 시간, 수많은 사람이 서로 뒤엉켜 혼재된 이 큰 도심 한복판에….

'그래, 내가 조금이라도 더 앉아 버틸 수 있는 조그만 자리 하나조차도 없단 말인가? 에잇 나쁜 사람들! 그래도 그렇지. 여태까지의 정리(情理)를 생각해서라도 어떻게 내게 이럴 수 있어!'

제 방에서 불쑥 나왔다가 마지못해 눈만 겨우 맞추고 홱 들어가 버리는 명옥이를 향해 지었던 큰 웃음이 무안했다. 멋지거나 도회적이지도 못했던 만년 시골학교 평교사 아버지는 손녀 이름을 태어난 지 하루도 못 돼 지어 보내셨다.

내 무릎에 앉는 걸 그렇게나 좋아하며 다정했던 딸아이가 명옥(明玉)이라는 이름을 트집잡아 투덜대기 시작한 건 초등학교 5학년 무렵이었던 것 같다. 예슬, 은별, 슬기, 다혜, 은빈, 채원이란 예쁜 이름을 가진 친구를 둔 딸아이의 투정이 가끔은 지나쳐 보일 때도 있었지만 난 그런 것까지도 사랑스러웠다. 명옥이가 사춘기에 접어들었다고 생각했던 중학 3년 내내 제 이름에 대한 불만은 또 다른 묶음의 불평이 되어 두터운 단절의 벽을 쌓았던 것 같다.

그렇게 거실에 우두커니 서 있던 내 등 뒤에 대고 "명호는 아직 학원에서 돌아오지 않았다"고 아내가 쏘아붙였다. 어쩌면 명옥이 어휘나 톤과 저렇게나 같을 수 있을까 싶었다.

"나, 저녁 먹고 들어왔소."

그럼 왜 진작 말해 주지 않았냐는 기색이 아내 표정에 역력해 보였다.

"나… 한 열흘 정도 일본 출장 가게 되었소."

아내는 아무렇지도, 대수롭잖은 표정으로 알았으니 준비해 놓겠다고 했다. 간결하게….

수원역을 지날 무렵에야 일등병은 객실 자동문 안으로 들어섰다. 차표를 들고 움찔거리던 사병은 노부부를 힐끔거리다 대수롭잖다는 듯 그냥 돌아섰다.

'그랬구나, 저 일등병과 한자리에 앉아갈 뻔했어….'

내 옆을 스쳐 건너편 자리에 털썩 앉은 일등병 몸에서 담배 냄새가 진동했다. 열차 난간 아니면 화장실에서 얼마나 많은 담배를 피웠길래 냄새가 저렇게나 지독히 날까? 개인 관물함에 잘 간수해 뒀던 줄 여럿 잡힌 전투복과 휴가 며칠 전부터 수없이 손질했을 군화의 번들거림도 내 눈엔 왠지 어색해 보였다.

휴가증을 받아들고 위병소를 나오자마자 단걸음에 들러 부대 앞 군장 집에서 붙였을 공수 링은 차라리 더 보기에 좋았다. 어깨통에 붙은 부대마크며 가슴에 붙인 민정경찰, 하얀 주먹이 그려진 태권마크. 거기다 가슴팍 주머니에 박은 타원형 맹수마크까지.

그러나 그 많은 군장들은 얼굴 까만 일등병의 고단했던 여태까지의 병영생활을 짐작케만 해줄 뿐이었다.

임관 후 첫 부임지였던 철책 내무반에서 저만저만한 병사 30여 명과 고락을 나눴던 시절이 일등병 얼굴 위로 선명하게 그려졌다. 매일같이 일어났던 데모 대열에 끼는 건 고사하고 오히려 그 반대편에서 학우들을 성토하고 군사독재정권을 두호(斗護)하며 시종(侍從)하는 간성이 되기 위한 교육을 받던 기억이 어색하게 스친다.

화염병과 돌멩이를 던지고 과격한 구호를 외치면 당장에라도 애국청년이 될 수 있었다. 그렇지만 남침 야욕에 혈안이었던 괴수의 코앞에까지 가서 그들의 야욕을 막고자 군복으로 무장하여 떠나던 우리에게 야유와 멸시를 보내던 학우들의 싸늘한 눈초리를 오랫동안 잊을 수 없었다.

우리를 외면하고 조소했던 흑백의 시대는 종기를 앓던 중 잠시 잠복해 있던 동통처럼 오늘 또다시 벌떡 일어나는 것 같다.

내가 태어나고 자랐던 깡촌서 처음 서울대생이 나왔다며 면 소재지가 들썩였던 날, 가난한 내 아버지의 얇은 월급봉투는 그날 단 하루에 비워졌을 것이다. 그러나 개천의 용이었던 나는 용들로 넘쳐나는 서울이라는 큰물에서 여의주를 물기는커녕 그 존재는 유암(幽暗)하고 흔적조차 없어져 버린 허탄(虛誕)한 용두사미에 불과했다.

결국 4년 뒤, 나는 이 땅에서 제일 멀고 어둡고 추운, 그래서 적막한 고립 외엔 아무것도 없는 벙커에 갇혀버렸다.

서울대 출신 대부분이 후방 아니면 수도권 기행(技行) 부대 근무가 다수였는데 난 최전방 GP 소대장으로 배속받았다.

GP 근무 2년 동안 줄곧 생각했다. 오지 출신이어서 이곳 오지 근무가 적격이라고 판단했을 치리자(治理者)들의 아주 공평한 인사원칙을….

열차는 무서운 속도로 내달렸다.

잠시 쉴 곳조차도 없는 열차이기에 지칠 수는 더더욱 없을 것 같은 생각이 들었다. 가락국수로 꽤나 유명했던 대전역에서도 열차는 우동냄비 받아줄 틈을 허용치 않을 게 뻔했다.
 일등병은 객차 통로를 뻔질나게 오가는 이동 수레에서 여러 번 주전부리 깜을 샀다.
 '철책에서 갓 나온 일등병 주머니가 그리 넉넉하진 않을 텐데…. 그래, 어쩌면 철책수색대엔 PX조차 없었을지 모르지…. 그래, 이런 색다른 것들이 그동안 얼마나 먹고 싶었으면…. 그래, 아직은 밤마다 부모형제가 그리울 나이인데 그곳에 있으면서 얼마나….'
 하얀 위생복을 입은 식당 열차원이 도시락을 왼팔 아름이 넘치게 안고 들어섰다. 도시락 두 개 값이 꽤 비싼 일식집의 점심 요기 값과 비등하였다. 얼떨결에 도시락을 받아드는 일등병이 면구스러워 어쩔 줄 몰라 했다. 나는 어서 먹으라는 눈짓과 입짓을 했다. 일등병은 수를 셀 수 없도록 허리 절을 계속했다.

 차창 밖으로 펼쳐진 황금 들판을 내다보면서 도시락에 가득 담긴 하얀 쌀밥을 들여다보았다. 나와 도시락을 나눠 먹고 있는, 저 일등병이 꼿꼿하게 서 있었을 바로 건너 땅에선 많은 사람들이 굶주림에 허덕이다가 죽어간다는데….

 여러 모양의 은박지 통 속마다 형형색색 담긴 졸임, 튀김 반찬을 집으며 유난히 요리 솜씨가 좋았던 아내 모습이 어른거렸다. 나를 위해 음식 만드는 게 가장 즐겁다고 했던 아내를 떠올리자 달콤한 침이 솟아 입안에 빙빙 돌아다니던 까칠한 밥알을 촉촉하게 적셨다.

중앙선 느림보 열차를 타는 게 싫어 한 번씩은 고향 역을 마다하고 급행버스로 두 시간은 족히 걸려야 했던 대구로 나와 우등열차나 그레이하운드 버스를 탔던 동대구역이 눈에 들어왔다.

얼굴 까만 일등병이 또 한 번 이동 수레를 세웠다. 그리곤 전투복 바지 속에서 천 원권 몇 장을 어설프게 찾아낸 뒤 셈을 치렀다. 자리에서 벌떡 일어난 일등병이 내 앞으로 뚜벅 걸어와 캔 맥주 하나를 불쑥 내밀었다. 나는 괜찮다며 고개를 내젓고 손사래까지 쳤지만 병사는 막무가내였다. 적잖이 당혹스러웠다.

넉넉하게 채워온 지갑에서 지폐 몇 장이라도 뽑아 일등병 손에 쥐여주고 싶었지만 그냥 생각일 뿐이었다. 쥐꼬리만 한 호의조차 없어져 버린 세상인데 지갑에서 몇 푼 꺼내준 돈이 행여 일등병 눈에 늙수그레한 자의 기행(奇行)으로 비칠지도 모르고….

'참 어렵고 딱한 세상이 되어버렸어. 옛날엔 그래도 북적대는 고물 열차에서 낯선 사람들과도 금방 말꼬가 트여 삶아온 계란과 소주잔도 나누곤 했었는데…. 그래, 이젠 그렇게 나누는 게 필요 없어져 버렸어. 말 잘하는 요즘 사람들은 이렇게, 심상(尋常)하게 둘러댈 거야, 이젠 먹을 것쯤은 넘치고 넘치는 그런 세상이

되어버렸다고….'

 언제부턴가 친구들을 만날 때면 급속도로 변해가는 서로의 모습을 물끄러미 쳐다보곤 했다. 물론 그 속에는 나도 함께 있었으니 어떤 모양으로든지 나 또한 많이 변했을 게 틀림없다.

 회사 근처 삼겹살집에서나 만나던 모임장소가 어느 날부턴가 슬그머니 올드 팝송이 흐르는 바(bar)로 옮겨졌다. 그런 뒤 최근까지는 사방이 꽉 틀어막힌 룸살롱으로 다시 장소가 바뀌었다. 우린 그곳에서 겨우 스물을 채운 여자아이들이 따라 주는 술잔을 넙죽넙죽 받아들었다. 그렇게 술병이 두어 개 정도 비워지면 쭈글쭈글해진 손으로 젖비린내 나는 여자아이들 젖가슴을 더듬으려 안달을 한다. 룸 밴드가 들어올 무렵이면 여기저기서 음담패설이 꼬리를 물고 흐느적거린다. 딸 같은 스물 몇 살짜리들 앞에서 말이다.

 비록 박봉이긴 했지만 교원이었던 아버지 덕에 난 그래도 안온한 방에 들어앉아 공부만 하면 되었지만 대다수 또래들은 그러질 못했다. 같은 동네 많은 형들은 당장의 절박한 밥벌이에다 힘에 버거운 야망까지 움켜 안고 중앙선 열차에 올랐다. 그리고 형 또래 누나들은 사내동생들 기성회비와 암송아지 한 마리, 땅 한 뼘을 부모 앞에 바치는 게 당연한 딸의 도리라 믿으며 청량리행 완행 밤 열차를 탔다. 그들이 콩죽 같은 땀을 쏟아내고 깡마른 몸을 부숴가며 까만 불을 하얗게 지폈던 공단은 아직껏 외진 땅에서 밤낮을 쉼 없이 돌아간다. 그런데 어느 날부턴가 그 형, 그 누나들이 보이지 않는다. 대신 흰 와이셔츠에 까만 나비넥타이 묶은 낯선 형들과 극도의 사치가 오히려 더 딱해 뵈는 낯선 누나들만이 서울 한복판에 득실거린다.

이제 친구들의 화젯거리는 단연 80타 90타 타령이다. 핑이 좋다느니 혼마가 좋다느니 지들끼리 실컷 입씨름하고 나선 꼭 내게로 화살을 돌린다.

걸핏하면 "선생 아들 아니랄까 봐"라며 샌님 취급하던 고향 친구들의 비아냥은 이제 없어졌다.

하지만 어쩌다 생긴 술자리가 진탕해지기라도 하면 "넌 도대체 무슨 재미로 사냐?"며 놀려대곤 한다.

'그래, 난 지금 무엇 때문에, 진짜 무슨 재미로 살고 있는가?'

금방 사우나서 나와 놓고도 "어이! 우리 단체 증기탕 어때?"랄 때도 있다. 아니면 점심시간 핑계로 일찌감치 사무실을 나와 길 건너 지하 이발소에서 두어 시간 넘게 안마에 특별한 서비스를 받기까지 한다. 그것으로도 성에 차지 않으면 퇴근 후 질펀한 술자리에서 벌거벗고 몸부림하는 젊은 여자 구경을 가기도 한다. 그러다 웨이터들의 극성스런 부킹 작전이 실패로 돌아가 발산을 주체치 못할라치면 이미 안마로 풀린 멀쩡한 몸뚱이를 끌고 안마시술소로 떼 지어간다.

그것들의 통로가 되어버린 지하계단을 우르르 내려가며 키득거리는 재미?

그런 재미로 사는 것인가?

단 한 올의 남김도 없이 다 벗겨 내야 후련하고 하나 남김없이 다 때려 부숴버려야 온전히 성취케 되는 세상에서….

그 속에서 왜 또 살아야 하는가?

조바심만이 존재하는 시대, 후회와 절망의 심연(深淵)에서 절대 벗어날 수 없는 시대, 패자부활이나 전화위복의 기회마저 없어져 버린 승자독식만이 판치는 염치없는 시대, 그런 시대 속에 난 여태껏 갇혀 있었다.

마치 궁궐 뒤 터에 지어진 작은 루(樓)같이 생긴 경주 역사를 나왔다. 나와 마주치는 게 겸연쩍은지 일등병이 내 눈을 벗어나려고 황급히 몸을 숨기려 했다.

택시에 대한 고정관념이 깨질 만큼의 친절을 베푼 기사는 "이 정도 서비스는 경주 택시의 기본"이라고 말했다. 시외버스터미널로 데려가 달라는 나에게 그는 여러 차례 반복하며 최종 목적지를 물었다. 그리고는 감포 넘어가는 황룡재 길은 급커브가 너무 많아 멀미가 날 정도라며 웬만하면 자신의 택시로 그냥 가는 게 어떻겠냐고 즉석 제안을 했다. 그러나 난 그의 친절을 거절키로 했다. 어쩌면 휴가 나온 일등병을 버스터미널에서 다시 만날 수 있을 것 같은 기대감이 택시기사를 물리친 이유였을지도 모른다.

열차를 타면서부터 일병 모습 어디에선가 오래전 잊어버린 줄만 알았던 젊은 날 나의 생채기가 떠올랐었다.
'그래 맞아, 그 병사 이름은 황성철이었어. 예나 지금이나 그 어렵다던 서울대 법학과를 졸업했고 몇 년간 고시에 연거푸 실패했다던, 나보다 몇 학번이 빠른 선배 사병이었어.'
더는 입대 연기가 불가능했던 그는 나보다 무려 네 살이나 나이가 많았던 부하였다. 큰 숨소리조차 허용되지 않는 숨죽은 철책 안에서 한밤중에 일어난 외발 총성으로 부대를 발칵 뒤집어놓았던 황 일병.
'그래, 30여 년 전, 그때도 분명 야합은 존재했어. 이미 사람들은 야비해져 있었다고….'

사법시험에 계속 실패하는 서울법대생은 더 이상 부모의 자랑거리가 되질 못했다. 그리고 오로지 고시 패스만을 손꼽던 약혼녀도 기다려온 세월만큼이나 지쳐버렸다. 서울법대생이라는 신분에 매료되고 그것만이 전부였던 약혼녀에게조차 비아냥 거리가 되고만 황 일병.

세상인심은 이미 그때도 사람의 눈을 속이고 있었다. 최고가 아닌 나머지는 모두가 최하로 전락해 버리는 이치의 모순. 또 그것들을 합리화시키려는 최고들의 집요한 음모.
　명문대, 최상류, 최대 평수, 최고의 희소성, 최대 배기량, 제일 오래 묵은 와인과 코냑, 이 땅엔 단 한 벌뿐인 실루엣. 그런 것들에 근접지 못하고 그런 것들로 충족히 채우지 못하면 그게 곧 흠이 된다는 걸 나는 여태껏 몰랐다. 그건 나의 우둔함이었고 무지였으며 무능이었다.
　장군 진급심사를 눈앞에 두고 있던 연대장은 황 일병의 죽음을 수색정찰 중 6·25전쟁 당시 매설된 지뢰 안전사고로 궤사(詭詐)하게 수습해 버렸다. 소초장이었던 나와 현장근무 초병에게 연대장은 헌병대 영창과 함구, 둘 중 하나를 선택하라며 우리를 윽박질렀다. 사병들에게 연대장은 무조건 부복(俯伏)할 수밖에 없는 두려운 존재였고 임관하자마자 바로 부임해 온 육군 소위가 감당해 내기엔 너무 벅찬 일이었다.
　나이 스물다섯의 초급장교였던 난 그렇게 그곳에서 내 부하들 앞에서 고개를 떨굴 수밖에 없었다.

　터미널은 경주 시내로 나와 학교에 다니는 듯한 통학생들로 붐볐다.
　시내에서 떨어진 시골 아이들이라고는 믿기지 않을 만큼 하나

같이 뽀얀 얼굴이었다. 서울 아이들이 즐겨 매는 등가방의 상표와 어른 구둣값을 능가하는 유명브랜드 운동화까지….

학생들 틈바구니에 행여라도 일등병이 있는지 두리번거려 보았지만 어느 곳에도 일병은 없었다. 기운이 쑥 빠졌다.

승차감이 훌륭한 대형버스가 쇽업쇼바 에어 소리를 내뿜으며 경주 시내를 벗어나고 있었다.

이렇게 작고 고적한 도시에도 내 인생 전부를 불살랐던 회사제품 사진들이 고층빌딩 옥탑에 광고판으로 세워져 나직한 도시를 당당하게 내려다보고 있었다.

'그래, 나는 그동안 이 작은 도시에까지 우리 회사광고탑이 세워질 수 있도록 오로지, 오직 그것만을 위해 죽을 힘 다해 달려온 게 틀림없어. 목 좋은 곳에 위치한 10층 20층 빌딩이면 이 땅 어느 곳이든 광고탑을 세웠고, 그때마다 느낀 긍지와 자부심은 나를 희열케 했고, 그런 것 때문에 난 절대 지칠 수 없었어.'

그러나 불현듯, 내 인생 전부와 허탄(虛誕)하게 맞바꾸어버린 도심 곳곳의 광고탑들이 남김없이 무너져버렸으면 좋겠다는 생각이 들었다.

미끄러지듯 달리던 버스가 보문단지를 벗어나자 그 좋던 도로는 갑자기 2차선으로 바뀌었다. 고르지 못한 노면을 올라탄 버스도 덩달아 울컥대기 시작했다. 낡은 가을 오후 볕살이 차창을 파고들어 왔다. 서쪽 산등을 간신히 넘어가는 기운 빠진 햇살이 나를 붙들고는 끝까지 놔주지 않고 버스가 숨 가쁘게 올라온 황룡산 꼭대기까지 쫓아왔다. 구부정한 길을 함께 따라왔던 계곡엔 어찌 된 일인지 물이라곤 하나 없고 그 바닥엔 바짝 말라버린 하얀 돌들로만 가득했다.

'그래, 사람이 황폐해지면 자연도 이렇게 메말라 신음하다 죽어버리는 거야. 이렇게나 깊고 아름다운 계곡에 파란 물이 아니면 어때? 뿌연 물이라도…. 또 가득이 아니면 어때? 그냥 조금만이라도 흘러만 주면 되는 거지.'

'그것 보라구. 결코 바다는 거짓을 하지 않는다고. 그곳엔 넘치고, 넘치고도 남을 검푸른 물이 이 드넓은 용기(用器)에 넘치고 있어.'

내가 오랜 세월 잊고 지냈던 바다가 그곳에 분명히, 도도히 있었다.

'이곳에 오길 잘했어 내 판단이 맞았어. 나이 오십을 훌쩍 넘어, 그래서 쇠패(衰敗)해졌다고 어느 날부턴가 나의 전부를 불신하며, 이젠 무조건 못 믿겠다며 오로지 몰아낼 수작을 부렸어도 지금처럼 이렇게 내가 옳을 수도 있는 거야….'

얼마 남지 않은 시월의 잔 볕이 검푸른 바다에 붉은 얼룩을 지운다.

도대체 얼마나 많은 날을 함께하며 보냈는지 셀 수조차 없는 세월의 바다. 단 하루의 쉼도 없이 그 바다에 부딪혀 아파했을 까만 돌멩이와 은모래들. 그리고 허리 틀어 휜 노송이 마냥 정겨워 보였다. 그러나 그 멋진 풍광을 오른편에 두고도 버스는 감속하는 인심을 쓰지 않았다. 그렇게도 눈치 없는 버스가 야트막한 시멘트 담장들을 스치고 스쳐 질퍽한 생선 좌판 속을 뚫고는 조그만 정류장으로 들어섰다. 버스 기사는 멋스럽게 끼었던 선글라스와 흰 장갑을 벗고는 큰 기지개를 켜며 몸을 뒤틀었다. 몇 안 되던 사람들이 버스에서 총총히 내려갔다.

바다에 에워싸인 작은 읍내 길은 서울 변두리 어느 한 모퉁이와 별반 다를 게 없어 보였다. 읍내 가운데 길 양편으로 일찌감치 불을 밝힌 유흥업소들과 숱한 여관 간판들.

'오로지 바다만이 삶의 터전인 사람들이 사는 곳일진대 어찌 바다는 오간 데 없고 식당, 술집, 다방, 여관밖에 없단 말인가? 행여 내가 간절히 그렸던 바다를 잘못 찾아온 건 아닐까?

그렇더라도 이곳에 얼른 익숙해지지 못했다간 당장 이곳에서조차 쫓겨나는 건 아닐까?'

생선 노점은 군데군데 그렇게나 많았음에도 정작 선팅지로 오려 붙인 식당 메뉴 대부분은 불고기와 된장찌개, 곰탕, 육개장 일색이었다.

갑자기 읍내가 부조화로워 보였다.

작은 도시 한가운데서 낯선 사람이, 그것도 하나뿐인 중앙 통로를 배회하는 게 이곳 사람들 눈에 자칫 호기심 거리가 될지 모른다 싶어 아무 곳으로라도 얼른 몸을 숨기고 싶었다. 길옆 양편으로 늘어선 간판을 하나씩 훔쳐보기 시작했다. 등대다방, 미인촌, 찬찬가라오케, 나그네호프. 호객을 목적으로 내건 상호나 불빛이 분명해 보였지만 내 걸음을 선뜻 세워놓진 못했다.

칠흑 같은 어둠이 내려앉은 바다만큼이나 가슴도 막막해졌다. 읍내 신작로길 가로등도 듬성듬성해진다.
'이제 읍내 외통길도 끝나가는데 여태껏 숨어들 곳을 못 찾고 왔던 길을 또다시 내려가게 되면 사람들이 내 뒤통수에 대고 정말 수군댈지 몰라.'
서울이라고 붙여진 익숙한 상호가 붉은 네온관을 타고 빙글빙글 휘돌았다. 코 밥에까지 흘러내린 안경을 추켜올려 보았다. 서울, 그러나 뒷글자는 쉽게 식별이 안 되었다. 지나치게 멋을 부린 간판집 주인의 유별난 손재주가 만들어낸 묘한 글자가 궁금해지기 시작했다. 마음이 바빴다.
마치 그곳으로 정해 놓은 시간을 놓칠까 안달 내는 사람처럼 걸음을 크고 잦게 옮겼다.
'레 까 룸이란 게 대체 뭘까?'
붉은 등, 분홍 등을 잔뜩 머금은 집.

창문 틈으로 새어나오는 유행가 자락으로 봐선 대충 그렇고 그런 술집인 것 같았다.

"이 부장님, 내일 또 올 거죠?"

기다란 치마를 치렁치렁 끌고 문밖까지 따라 나온 여자가 양복 차림의 사내를 배웅하며 갖은 교태를 떨어대었다. 비록 초저녁이었으나 사내는 벌써 비틀거렸다.

"김양아! 내일은 조합 총회 때문에 몬 올지 모른데이. 니 마, 내 안 온다꼬 아무 놈이나 하고 지랄 떨다가 내한테 걸릿다 카만 니는 내 손에 죽는다 카는거 알제?"

사내가 바로 제 코앞에서 휘청거리는데도 김양이라는 여자는 사내 뒤꼭지에서 잽싸게 눈을 돌리고 호리듯 내 옆구리를 낚아챘다.

"뭐하세요, 안 들어오시구?"

읍내 한복판을 한참 동안 어슬렁이며 주뼛대느라 어색해져 버린 나를 여자는 아주 자연스럽게 끌어들였다. 둥그런 바텐 모서리에 등을 기대고 있던 중년의 뚱뚱한 여자가 채 절반도 못 피운 담배를 재떨이에 꺾고는 비스듬히 일어섰다. 내 옆구리에 찰싹 달라붙었던 여자가 손을 풀고는 커튼이 반쯤 내려진 룸으로 나를 지그시 밀었다. 순간적으로 두 다리에 힘이 불끈 들어갔다. 그리곤 그 자리에 우뚝 서 버렸다.

"룸이 싫으시구나, 그럼 그냥 원탁에 앉아요."

높임말이 익숙잖아 뵈는 여자가 서툰 존대어를 썼다.

"아저씨, 아저씨는 여기, 감포 사는 분 아니죠? 그쵸?"

나는 고개를 끄덕여주었다.

"그래요 맞아요. 여기 사는 촌뜨기 아저씨가 아닌 줄 알았다니깐. 난 척 보면 알아요."

바텐에 걸터앉아 혼자 술을 마시던 중년의 사내가 힐끔 뒤를 돌아보고는 여자를 향해 얼굴을 찡그려 붙였다.

"아저씨, 우리 뭘로 할까…요? 맥주? 양주, 쏘주? 참, 쏘주는 없지."

"여기서 제일 잘 팔리는 걸로 줘요."

여자의 눈이 휘둥그레졌다.

"어머 아저씨, 서울에서 왔죠? 맞죠? 그렇죠? 서울에서 온 것 맞죠? 서울에서 출장 온 것 맞죠?"

"왜, 아가씨도 서울에서 온 거요?"

마치 숨이 넘어갈 것처럼 호들갑을 떨어대던 여자 눈에 눈물이 가득 만들어져 그렁거렸다. 괸 눈물 속으로 빨간 불빛이 흘러들어 금방이라도 뚝 떨어질 것만 같았다.

'서울에선 꽤나 먼 거린데 어쩌다 여기까지 왔을까? 이 아이에겐 대체 무슨 사정이 있었길래 여기에까지 온 걸까? 짙은 화장을 지우면 아직은 이런 세상살이가 고달프기만 할 나이일 텐데….'

여자는 술잔을 비울 때마다 내 눈치를 살피는 것 같았지만 그럼에도 연거푸 작은 입안으로 술잔을 넘겼다.

여름 교복에 떨어지면 순식간에 번져버리던 심술궂은 잉크처럼 허허롭던 목줄기를 타고 내려간 양주가 가슴을 아늑하게 녹였다.

'난 언젠가부터 추위에 떨고 있었어. 35~36도를 치솟던 지난여름에도 난 온몸이 시려 심하게 떨었던 것 같아.'

짧은 시간에 양주 한 병이 다 비워졌다. 술병바닥이 눈에 훤히 보이자 갑자기 불안해지기 시작했다.

"아저씨, 출장비 많이 받아왔어? 우리 한 병만 더해. 이제부턴 천천히 아껴 마실게."

여자는 그렇게 여러 잔의 양주를 들이킨 뒤에야 저에겐 무겁고 거추장스러웠을 법한 존대어를 슬그머니 내려놓았다. 그럼에도 그 여자아이가 결코 미워 보이지 않았다. 주인여자가 이번엔 몸집이 훨씬 더 큰 술병을 들고 왔다.

"언니두 한잔해. 우리 고향서 온 아저씨 술이라서 맛이 더 좋을 거야."

주인여자가 커다란 엉덩이를 소파 위에 털썩 내려놓았다.

"참말로 서울 물이 다르기는 다른 모양이지예. 암만 봐도 이 동네 사람들하고는 벌써 뭐가 달라도 한참 달라 보인다아입니꺼."

바텐에 앉아 있던 사내가 또 한 번 날카롭게 뒤를 쏘아보았다.

"아저씨, 오징어 좀 먹어봐. 여기 감포 바다에서 잡은 거야. 서울에선 이런 피대기 오징어는 먹기 힘들 거야. 나도 여기 와서 첨으로 먹어봤는데 너무 맛있어서 얼마나 뜯었던지 며칠 동안은 껌도 씹을 수 없었다니까."

천진난만해 보이는 여자는 정말 즐거워했다.

"선생님, 제가 한잔 따라드려도 될까예?"

주인여자가 자리에서 일어났다. 의자 밀리는 소리가 크게 났다.

"서울 아저씨, 우리 노래 한 곡씩 불러요. 우리 집은 노래 아무리 많이 불러도 노래 값은 안 받아. 공짜 공짜야."

고개를 크게 내저으며 손사래까지 쳤지만 여자는 막무가내였다.

"이 보이소, 서울 양반! 내 술 한잔 받으이소."

바텐에 앉았던 사내가 몸을 뒤틀며 불쑥 술잔을 내밀었다. 순간 여자가 얼굴을 찡그렸다. 사내는 잔이 넘치도록 술을 부었다. 얼른 잔을 비우고 사내에게 술잔을 돌렸으나 이곳 인심은 그런 게 아니라며 또 한 잔을 더 권했다. 사내는 감포에서만 50년을 살아온 토박이라고 자신을 소개했다.

"내 같은 놈은 우리 고향 땅이 아이랬다카만, 내가 만약에 서울놈이었다 켓으만 난 진작에 서울역 노숙자가 되고도 남았을 낍니다. 그래도 마, 내 고향 감포 인심이라 카는 기 서울보다는 백배 낫다 보이 까네 이렇게 한방에 왕창 망해 뿌린 놈도 양주 정도쭘은 우숩게 마실 수 있는기지요. 나는 말입니더 이런 우리 고향 인심 때문에도 죽어뿌기 전에는 감포 땅을 절대 못 떠나는 깁니더."

사내와 여러 차례 술잔이 오갔다. 그 사이 여자는 수없이 눈을 흘기며 내 옆구리를 집어 뜯어대었다.

"그나저나 선생은 우짠 일로 여기까지 왔능교?"

이렇게, 저렇게 대충 짧게 한 내 소개가 끝나기 무섭게 사내의 태도가 돌변하기 시작했다. 사내는 턱을 덜덜 떨기도 했고 눈에서는 파란 불꽃이 튀기 시작했다. 뭔가 예사롭지 않은 예감이 들었다. 평정심을 잃어버린 사내는 연신 맨주먹을 불끈 쥐고 바텐 바닥을 내리치며 분을 토했다.

'행여 우리 회사 제품을 샀다가 큰 손해라도 본 사람일까? 만약 그랬더라도 우리 제품만큼 A/S 잘되는 회사도 없는데….'

그건 사실이었다. 신입사원 딱지를 막 떼었을 때 사내에 비치되어 있던 아이디어 함에 내가 넣은 제안서가 회장 손에까지 들어갔다. 회장은 즉시 내 손을 들어주었다. 무상 A/S 기간을 타사보다 무려 세 배로 늘리고 신제품 구입 시 소비자가 사용해 온 구형제품의 보상가격을 파격적으로 해주는 것이었다. 그리고 고객

이 A/S 센터를 직접 찾아와야 했던 회사 편의 위주 서비스에서 휴대 가능 제품까지도 무조건 방문 A/S해 주는 것이었다.

  1970년대 후반까지 만해도 그런 A/S 제도는 획기적인 것이었다.

"어이, 선생! 당신 오늘 내한테 잘 걸려뿌렸어. 나 말이야, 당신네 회사 땜에 완전 신세 조진 사람이야. 기업윤리 좋아하고 자빠졌네. 그렇게까지 고상하게 칼 필요도 없어. 촌 동네시장판에 막 굴러묵는 장똘뱅이들보담도 못한, 돈에만 환장병 걸린 한국전자! 똥갈보보다 못한 걸레 쓰레기 같은 당신네 회사 때문에 쫄딱 망해 뿌린 놈이야. 내가 그런 사람이라카만 알겠나?"

  그는 조금씩 거칠고 과격해져 갔다. 꼬인 혀끝에서 분출되는 수욕(受辱)에 찬 그자의 분노 표출에 나는 속수무책이었다. 그자의 흥분을 조금이나마 누그러뜨릴 요량으로 술잔을 권해 보았지만 그는 거칠게 내 손을 뿌리쳐버렸다. 사내는 이제 더 이상 나를 어려워도, 조심스러워하지도 않았다. 그는 한층 더 험악해진 얼굴로 점점 심한 독설을 내 면전에다 거침없이 뱉어내었다. 더는 그를 쳐다보는 게 두려워졌다. 사내의 강포(强暴)한 시선을 피하고자 고개를 바닥에 떨구고 있을 때, 내 등 뒤에 서 있던 주인여자의 날카로운 쌍소리와 젊은 여자의 악다구니가 사내를 향해 날카롭게 터져 나왔다.

나는 부스스 일어나 자리로 돌아왔다. 커다란 잔에다 독한 술을 가득 부어 단숨에 넘기고 싶었다. 테이블 위에는 이리저리 뜯기다만 오징어 잔해들이 처참한 모양으로 늘어져 있었다. 얼굴을 벌겋게 달궈 씩씩대던 주인여자가 분을 삭이지 못한 채 내 옆으로 와 앉았다. 그리고는 미안하다는 말을 거듭거듭 했다. 나는 빈 술병을 들어 보이며 얼른 술 한 병을 더 달라고 했다. 새 술병을 옆으로 뉘였다. 우유 컵으로 썼던 유리잔 속으로 들어간 노란 술이 희뿌옇게 변했다.

 돋보기가 필요케 되었던 날, 눈앞의 모니터가 갑자기 어른거렸던 생각이 떠올랐다. 우유 컵 목에까지 채운 술을 단숨에 비우고 다시 술병을 손에 쥐려는 순간 날카로운 소리와 함께 유리파편이 튀어왔다. 자리에서 벌떡 일어난 주인여자는 몸도 못 가누고 흐느적거리는 사내의 멱살을 거칠게 움켜쥐었다. 그리곤 여자에게 112를 외쳤다. 사내는 버둥거리며 더더욱 광기를 부렸으나 몸집 좋은 주인여자의 손아귀를 벗어날 순 없었다. 광포(狂暴)한 시대 한가운데서 많은 창상을 입고 만신창이가 된 또 한 명의 슬픈 사내가 바로 이곳에도 있었다.

 "허허 참, 최 사장. 와 또 이라노? 인쟈 겨우 며칠 지났다꼬."
 나이 든 경찰관이 최 사장이라는 사내를 가슴으로 붙들어 안았다.

"왜, 날 또 잡아갈라꼬 왔나? 그래 또 깜빵에 보내뿌마 될 꺼 아이가! 당신들이 젤로 잘하는기 그긴데. 인쟈는 교도소에 가는 것쯤은 하나도 안 무섭다! 그라이까네 법대로, 너거들 맘대로 해뿌라!"

사내는 순하디순한 미소를 머금고 있는 머리 희끗한 경찰관을 향해 바락바락 악을 써대었다.

"어이, 부소장! 내가 한때, 괜찮게 나갈 때 내 돈 받아묵고 내 술 얻어묵을 때는 당신들이 내한테 이러지 않았어! 그라지 말라꼬! 이거 왜 이래. 감포 바닥에서 그동안 내 술 한 잔, 고기 한 점 안 얻어묵어 본 놈 있으만 당장 나와 보라 캐라."

부소장이란 경찰관 얼굴이 금세 흙빛으로 변했다.

"이봐, 최 사장! 당신 방금 뭐라 캤노? 내가 언제 당신 돈 먹고 술 얻어먹었노? 아무리 술이 취했다 캐도 그렇지. 말을 좀 가려서 해야겠데이."

그제야 나이든 부소장이 경찰관다워 보이기 시작했다.

"야! 마담, 니도 그라는 기 아이 데이. 내가 그동안 너거들 집에 갖다 바친 돈이 얼만데, 고까짓 유리컵 몇 개 깼다고 안면 싹 바꾼단 말이제?"

주인여자가 굵은 두 팔을 자신의 커다란 젖가슴 위로 얹어 끼면서 코웃음을 쳤다.

"미친 인간 놀고 자빠졌네. 우리 홀에 갖다 바친 기 아이고 지

딸래미 같은 애들 치마 밑에 처넣어놓고는 뭣이 어째? 꼴값을 떨고 자빠졌네."

 미리 깎아놓은 것 같은 과일 안주가 오늘 밤엔 더 팔리지 않을 것이라고 생각한 듯 마담이 서비스라며 테이블 위로 올려놓았다.
 "선생님, 참말로, 억수로 미안합니데이. 이해해 주이소. 저 미친놈이 지가 사업 잘못해 다 말아먹고는… 뭐한 놈이 썽낸다꼬 정말….."
 "…"
 "선생님, 혹시… 감포 대리점에 볼일이 있어 오신 건 아니지예?"
 나는 고개를 끄덕였다. 이번엔 여자아이가 참아왔던 호기심을 곤두세웠다.
 "아저씨, 그럼 여기, 이 후진 동네엔 왜 오셨어요?"
 나는 그냥 웃었다. 갑자기 말투를 공손하게 바꾼 여자아이가 귀여워 보였다.
 "음… 알았다. 오늘 밤 나랑 만리장성 쌓으려고 온 거죠? 그렇죠? 맞죠?"
 명옥이보다 더 어려 보이는 여자아이가 맹랑하게도 만리장성을 말했다. 거침없이….

"서울 아저씨, 나… 서울 아저씨한테 부탁이 있어요."

여자아이가 허리를 뒤틀며 내 귓밥을 제 손으로 싸고 소곤거렸다.

"그건 그렇고 난 서울 아저씨가 아냐, 나도 원래는 경상도 아저씨였어. 나도 미스 김이 말했던 촌놈이었어."

그렇게 따지면 촌놈 아닌 사람이 어디 있냐며 지금 서울에 살고 있으면 그게 곧 서울 사람이 아니냐고 우겨대었다.

"아저씨, 서울 아저씨."

나는 귀가 간지럽다며 볼을 여자아이 입에서 떼어내었다. 그래도 여자아이는 조금만 더 참아보라며 다시 내 귀를 잡아당겼다.

"아저씨, 여기 감포는 있잖아요. 몸 씻을 곳도 제대로 없거든요. 대중탕이 하나 있긴 한데… 오늘은 꼭 목욕탕을 갈려고 했는데 늦잠을 자버려서 그만… 그래서 칙칙해 죽겠어요."

"…"

"길 건너 바닷가 쪽으로 조금만 올라가면 올여름에 오픈한 좋은 모텔이 있는데… 오랜만에 목욕 좀 하게 데려가주면 안 될까요? 하룻밤만 날 좀 사주시지…."

"…"

"아저~씨~ 어서, 어서~요."

"마담이 흉보지 않을까? 그러라고 허락해 줄까?"

"아저씨, 제게 좋은 방법이 있어요. 술값 계산할 때, 술 한 병하고 마른안주 하나만 더 시키세요. 그러구 나서 저랑 같이 방파제에 올라가 한 잔 더 하구 싶다고 하세요."

"그러면 될까? 미스 김과 한잔 더 마신다면 그대로 믿어줄까?"

그렇게 비밀스런 얘기를 그렇게나 크게 하면 어떻게 하냐고 여자아이가 허벅지를 꼬집었다.

여자아이는 추워서 바다가 싫다고 했다.

"서울 아저씨, 그렇게 바다가 좋으면 바다가 한눈에 다 보이는 방에서 마시면 되잖아요."

여자아이는 아무렇게나 걸치고 나온 겉옷 앞품을 대충 여미며 내 등을 떠밀었다. 서울의 오래된 호텔보다도 훨씬 더 화려해 보이는 비취장은 방값도 만만찮았다. 그래도 피서철의 절반만 받는 것이라고 여자아이가 귀띔해 줬다.

수부(受付)실에 웅크리고 앉아 졸다 나와 여자아이를 번갈아 올려다보던 중년 여인의 게슴츠레한 눈빛에 그만 얼굴이 화끈거렸다. 머뭇거리는 내 손을 잡아끈 여자아이는 방에 들어가기 무섭게 옷을 훌렁훌렁 벗어젖혔다. 주머니에 때 타월까지 넣어온 여자아이는 마치 욕실에서 물놀이를 즐기는 듯 수선을 떨었다. 문틈으로 새어나오는 콧노래가 너무 크게 울려 난감했다.

오늘 밤 안주로 먹어치운 오징어를 또 잡기 위해 깊이 잠든 포구를 몰래 떠난 오징어 배는 칠흑 같은 바다를 대낮같이 밝혀놓고는 창밖 저만치에서 가물댄다.

'동해는 물도 깊고 물살도 사납다는데 오늘 밤만큼이라도 바람 한 점 없어 저들이 편한 고기잡이를 할 수 있게 되었으면 좋겠다.'

욕실 물소리가 잦아들었다. 활짝 열어젖힌 창을 타고 넘어 온 알싸한 밤바람이 얼얼한 내 머릿속을 수없이 두들겨대었다. 술병 눈금을 들여다보던 여자아이가 깜짝 놀란다. 그다지 넓지도 않은 타월로 겨우 몸을 가리고 나온 모습이 하도 앳돼 보여 마음이 서늘해졌다. 금방이라도 눈물이 날 것만 같았다.

아내가 잘 챙겨넣었을 게 분명한 잠옷이 생각나 얼른 가방 지퍼를 열어보았다. 역시나 잠옷은 가방 맨 위에 반듯하게 접혀 있었다. 주저주저하는 여자아이에게 얼른 입으라고 턱짓을 했다. 지금껏 그렇게도 거침없던 여자아이가 왠지 자꾸 머뭇거린다.

"그럼… 아저씨는?"

타월이 바닥으로 흘러내렸다. 너저분한 화장을 벗겨 낸 여자의 또 다른 얼굴이 하도 고와 보여 목젖이 울컥거렸다. 저렇게도 작고 연약해 뵈는 아이가 그깟 더운물 목욕 욕심 하나만으로 뭇 사내들을 무작정 따라나섰을 게 믿어지지 않았다. 아니 믿고 싶지가 않았다.

'어쩌면 오늘 밤 한국전자를 욕하며 나를 몰아세웠던 그 사내도 이 가엾은 여자아이를 목욕시켜 주겠다며 이곳에 데려왔을까?'

창문을 타고 넘어오는 바닷바람이 차다며 이불을 뒤집어쓴 여자아이가 날더러 무슨 생각이 그렇게도 많으냐며 저와도 같이 좀 놀아달라고 심통을 부렸다. 하지만 창문을 닫을 수도, 아예 자리를 깔고 누워버린 여자아이를 똑바로 내려다볼 수도 없었다. 창문이 닫히고, 마지막 술잔마저 비워지고… 그래서 이 여자아이밖에 쳐다볼 수 없게 된다면… 그렇게 되고 만다면… 아마 난 소리 내어 울고 말 것 같았다. 이제 술병은 거의 다 비워졌다. 볼이 얼얼해서 더는 바닷바람을 맞아낼 수도 없다.

'넌 어쩌다 여기까지 오게 되었어? 대체 네 나이에 무슨 놈의 돈이 그렇게까지 절박했길래… 도대체 왜? 얼마나 필요했길래…, 그래, 얼마 때문에 여기까지 온 거냐고?'

여자아이는 "언제까지 술을 마실 거냐"고 물었고, 대꾸조차 않는 내게 "그럼 술이 떨어질 때까지만 눈을 붙이겠다"며 그때 깨워달라고 했다. 그 말끝에 그만 순간적으로 화가 치밀어 견딜 수 없었다.

저렇게나 순전(順轉)해 뵈고 천진난만한 아이가 '지금 나에겐 당장 돈이 필요할 뿐이니 오늘 밤 저를 꼭 깨워 제 몸을 사 달라'는 것으로 들렸다. 당장에라도 이불을 걷어내고 일으켜 세운 뒤 흠씬 두들겨 패서 내쫓아버리고 싶었다.

병에 남아 있던 술을 화가 치밀어 오른 만큼 잔에 부어 단숨에 넘겨버렸다. 여자아이가 이불 움직이는 바스락 소리를 일부러 내는 것 같았지만 난 뒤돌아보지 않았다.

"아저씨는… 원래 그렇게 술-고래-세요?"

"…"

"사모님이랑 싸우고 집 나왔죠? 나도 아저씨처럼… 화나고 속상할 때면 잠옷 챙겨 어디든 갈 수 있었으면 좋-겠어-요."

"…"

"그런데 있잖-아-요, 아저씨… 전… 아무리 생각해 봐도 마땅히… 갈 만한-곳이-없-어요."

"…"

"나는요… 전 말예요, 엄마보단 솔직히 아빠가 더 보고 싶어요. 왠지 아세요? 엄마는 언제나 무섭기만 했는데 아빠… 우리 아빠는 그렇지 않았어요. 중학교 2학년 때였어요. 그래요… 틀림없어요. 중학교 2학년… 쉬는 시간이었어요. 부잣집 친구가 특급호텔 양식당에서 가족들이랑 외식했던 자랑을 했어요. 전 그때 갑자기 그 친구가 맛있게 먹었다는 스테이크가 너무 먹고 싶었어요. 그래서 어떻게 했는지 모르죠?"

"…"

"학교를 마치자마자 나는 당장 아빠가 경비로 근무하던 부자동네 아파트로 달려갔어요. 그리곤 내가 제일 싫어했던 제복 입은 아빠가 졸고 있는 경비실 문을 도둑고양이처럼 두들겼어요. 아빠는 깜짝 놀라셨어요. 갑자기 나타난 딸이 너무 반가웠던 거였어요. 그런 아빠께 저는 눈도 제대로 한 번 안 맞추고 다짜고짜 돈만 내놓으라고 졸랐어요. 부자들로 넘쳐나는 곳에 근무했지만 정작 스테이크값이 얼마인지조차 모르는 아빠는 속주머니에서 꼬깃이 접힌 천 원짜리 몇 장을 꺼내 제 손에 쥐여줬어요. 순간 전 신경질적으로 아빠 앞에 그 돈을 집어던져 버렸어요. 그건… 4천 원이었어요. 난감해진 아빠는 얼른 옆 동 경비실로 달려갔어요. 그리고 아빠는 잠시 후 함박웃음을 지으며 만 원짜리 두 장을 내 손에 쥐여줬어요. 아빠는 몇 번이고 미안하다며 저를 달랬어요. 스테이크가 분식집에서 파는 돈까스인 줄 알았다며 또 미안하다고 했어요."

"…"

"전 그날 부자들이 즐겨 먹는다는 스테이크가 그렇게나 비싼 줄 몰랐어요. 아빠는… 우리 아빠는 그날… 제게 그렇게나 비싼 스테이크를 사주시고는… 그만 돌아가셨어요. 제 곁을 떠나시고 말았어요. 죽… 죽었단 말예요. 왠지 아세요?"

"…"

여자아이가 울고 있었다. 야윈 어깨가 들먹일 때마다 얇은 이불도 덩달아 같이 들썩였다.

"이른 새벽 다른 아저씨랑 근무교대를 하고 집으로 돌아오던

길에… 길을 건너다… 찻길에서 그만… 아마도 그날… 아빤 딸에게 스테이크 하나 제대로 사먹일 수 없는 자신의 처지를 원망하며 너무 슬퍼하셨을 거예요. 술이라곤 전혀 입에 대지 못하시던 아빠셨는데… 그런 아빠께서 새벽 포장마차에서… 야간근무로 밤을 새우셨던 아빠가 빈속에 마신 소주 때문에 그만… 하얀색 모자 쓴 경찰 아저씨가 엄마한테 나무라듯이 말했어요. 취중의 새벽길 무단횡단은 곧 자살행위나 다름없는 거라구요."

"…"

"그렇게 아빠가 돌아가신 뒤, 우리 엄마는요, 내가 졸업할 때까지도 못 참고 바로 이듬해 동네 고깃집 홀 아저씨 집에 들어가 살게 됐다고 말했어요. 평소 아빠하고도 잘 알고 지냈던 그 푸줏간 아저씨 집으로 말예요. 그리고 엄마는 저더러 뭐랬는지 아세요? 할아버지 같은 그 아저씨더러 아빠라고 부르라는 거예요. 남동생 둘은 일주일도 못 돼 그 아저씨를 아빠라고 부르더라구요. 저는 그날 두 동생을 흠씬 두들겨 패고는 고깃집을 나와 버렸어요. 지금 생각해 보면 전 그렇게 불쌍한 우리 아빠를 술 취하게 만들었었고… 돌이켜보면 전 그동안 우리 아빠를 너무 힘들게만 했던 것 같아요. 그리곤 끝내 아빠를 비참하게 죽게까지 만든 아주 나쁜 딸이었어요."

"…"

"그래도 전 아저씨랑 성이 같아서 너무 좋아요. 저는… 술집 김가가 아니고 진짜… 김가예요."

여자아이 목소리엔 금세 또 잠이 듬뿍 묻어 있었다.

마지막 술잔을 비우고 나서야 창문을 닫았다. 유리창 너머로 보이는 먼 바다 끝자락 고깃배 불빛도 가물거렸다. 여자아이는 거짓말처럼 잠이 들어버렸다. 지금껏 내가 사준 스테이크를 수없이 먹었던 딸 명옥이를 떠올려보았다. 잠든 여자아이의 천진스런 얼굴 위에 자꾸만 명옥이 얼굴이 겹쳐져 견딜 수 없었다.

나는 지갑을 열었다. 그리고 제법 두툼한 돈을 끄집어내었다. 여자아이가 아무렇게나 벗어놓은 옷가지들을 챙겨 하나씩 옷장에 걸었다. 그리곤 유난히 통이 큰 코트 주머니 속에 여자아이가 스테이크를 실컷 먹을 수 있을 만큼의 돈을 넣었다.

잠옷 한 벌이 없어졌음에도 가방은 오히려 더 무거워진 것 같았다.

새벽 바다는 잔뜩 화가 나 있었다. 골이 난 바다를 가로질러 온 거센 바람이 전신을 때리며 나를 휘청거리게 했다. 경찰관에게 끌려가면서까지 고래고래 소리 지르며 사내가 쏟아내던 모만(侮慢)한 독설이 귓전에 왱왱거린다.

"한국전자! 당신네 회사 때문에 난 쫄딱 망해뿌렀어. 똥갈보 같은 놈의 회사에서 왜!? 아죽도 내한테서 뭐, 덜 받아낸 빚이라도 남았다 말이가? 그것도 아이만은 내 대리점 꿀꺽 집어삼켜 뿐 놈

꺼까지 뺏어뿔라꼬 온기가? 난 말이야, 당신네 회사에 집도 땅도, 어데 그뿐이가! 어무이 아부지 묻힌 선산까지도 니들한테 다 뺏긴 거, 당신도 잘 알고 있제? 와! 인쟈 내 마누라까지도 니들한테 내놨으만 좋겠나? 그래 한 번 말해 보까? 신형 냉장고 출시됐으니 100대 팔아달라카만 끽소리 안 하고 받아줬고, 텔레비 100대 더 팔아달라고 밀어내기 할 때도 난 두말도 안 하고 너거들이 하라카는 대로 다 했는데 너거 놈들은 내한테 뭐 우쨌노? 내한테 해준 기 뭐 있노 말이다! 내같이 말 잘 듣는 대리점 몰래 당신들은 청계천이고 용산이고, 하기야 그 먼 데까지 말할 꺼 뭐 있겠노. 대구 교동시장 같은 데로 엄청나게 퍼냈잖아."

"…"

"이보슈, 날강도 같은 한국전자 양반! 요즘 세상에 차 없는 집이 어딧꼬 쬐깐한 화물차 한 대 못 구할 사람이 어딧겠노. 그란데 미칫나 이 손바닥만 한데서 냉장고 사고 세탁기 사그러. 서울이나 대구 나가서 사면 경비 빼고도, 옷도 한 불씩 사입을 수 있는데 뭐 할라꼬 감포서 사겠노? 시도 때도 없이 신제품 출고된다면서 선 어음 끊어 올리라고 목 쪼우고, 받아논 물건은 안 팔리고. 맨날 그카는데 어음을 우째 막아내겠노? 답은 뻔한 거 아이가. 내 집 창고에 쌓아놓은 물건 퍼내는 수밖에 무슨 도리가 있었겠나. 그렇게 덤핑으로 물건 날린 돈으로, 그 돈으로 어음 막고, 만날 천날 그런 짓꺼리만 해대는데 안 망하고 배길 놈이 어딧겠노? 내

집, 내 땅, 내 어무이 내 아부지 묏자리까지 뺏어 먹은 너거 놈들은 인간이 아니라 흡혈귀였는기라!"

그는 대뜸 나더러 흡혈귀라고 했다. 그것도 아주 입이 큰 고참 흡혈귀라고 나를 몰아붙였다. 나는 소리 지르고 싶었다. 이 넓은 바다가 요동쳐 뒤집혀버리도록….

'당신만 부도난 게 아니고 나도 똑같이 부도를 맞고 말았다'고, 그리고 '흡혈귀한테 피를 빨린 건 당신뿐만 아니고 나도 심장에 피 한 방울 안 남게 다 빨려버렸다'고!

'그래도 당신은 우리 회사 냉장고, 세탁기, TV 팔면서 사장 소리라도 들었잖아. 아마 모르긴 몰라도 당신은 그래도 한땐 사장이랍시고 거들먹거리며 술도 여자도 실컷 사봤을 것이고 또 사생활의 자유라도 실컷 누려봤을 것 아냐? 숙취 핑계로 가끔씩 느지막하게 출근해도 어느 누구 눈치 본 일 한 번 없었을 것이고!

하지만 난 그동안 어떻게 살았는지 당신이 알기나 해? 난 지금껏 단 한 번도 허리띠 풀어 젖히고 당신처럼 맘껏 술을 마셔본 적도 없었어. 그리고 여자라곤 유일한 여자, 내 아내 아니었다면 난 지금껏 여자도 모르고 살았을 거라고! 결근, 지각, 낮술, 오입질? 난 그런 건 꿈도 못 꿨어.

그랬으면 뭣해! 나이 오십 훌쩍 넘기고도 만년 부장 신세 못 면한 죗값으로 새카만 후배뻘 임원들 밑에서 숨죽이고 오직 일벌레 짓 한 죄밖에 없는데! 그렇게나 간곤(艱困)하게 살아온 것도 억울

전부 전무(全部 全無)

한데, 그런 나더러 당신이 어떻게 흡혈귀랄 수가 있어!

그동안 많은 사람들이 나더러 말했던 것처럼 대한민국 최고 대학을 졸업한 뒤 육군소위 계급장을 달고 무지막지한 연대장과 내 부하들 앞에서 어쩔 수 없이 비굴해질 수밖에 없었던 것 때문에… 그래도 난 그때 그렇게나 사특(邪慝)했던 연대장처럼 치졸한 꼼수 타협안을 내놓진 않았어. 오히려 난 소대원들에게 진심을 다해 호소했어.'

"나는 이곳에 너희들만 남겨두고 이런 모습으로 쫓겨나긴 싫다. 부임 초 너희들과 했던 약속대로 난 목숨까지도 너희들과 함께 나누고 싶다. 내가 너희들과 함께 군대생활을 끝까지 할 수 있도록 소대장인 나를 선택해 달라."

그날 밤 난 소대원들 앞에서 그렇게 간곡했다. 음험하게 웃으며 철책을 내려가던 연대장 모습이 떠올랐다.

가장 우수한 엘리트들만 근무시킨다던 굴지의 회사 기획조정실로 출근케 된 나를 사람들은 마냥 부러워했다. 하지만 그곳에서 청춘을 남김없이 다 바쳤던 나더러 최 사장이라는 사내는 패려(悖戾)한 입술로 다짜고짜 나를 향해 흡혈귀라 퍼부어 대었다.

비탈진 언덕을 내려와 새벽 바닷길을 얼마나 걸었을까? 불현듯 오만해 뵈는 거대한 바다에다 대고 삿대질하고 싶었다. 너무 거만하게 굴지 말라고 목이 터지게 욕지거리해 대고 싶었다. '난 정말 너무 억울하고 분하다'고 고래고래 소리 지르고 싶었다. 그깟 회사 일이 뭐 그리 대단했다고 가족들한테까지 이런 대접을 받아가며 죽을 작정으로 일만 해왔단 말인가? 무엇을 위해! 누구를 위해!

조직의 일원이라는 이유 하나만으로, 오직 그 조직을 위해 내 삶, 내 인생 전부를 바쳤던 것뿐인데 지금 와서 왜 내가 이런 견책과 원성의 대상이 되고 마는가? 내 가족들 불평불만 또한 따지고 보면 결국 그것 아닌가?

눈에 훤하게 보이는 아내의 극성, 그리고 명옥이의 극단적 이기심.

'그래, 내 눈에는 그런 게 단순한 극성으로 보였고 자기주장 확실한 이지적 단호함으로만 보였어. 부유층이 몰리는 사립유치원, 선행 과외. 그리고 상류층이 선호한다는 특별난 학교 학부형이 돼야 한다는 허황된 겉치레 충동은 아무래도 당시 과장, 부장이던 내겐 무리였어.'

그러나 명옥이 친구 대부분은 국회의원, 군 장성, 대기업 임원, 판사 아니면 어디 어디 지청장, 유명 성형외과 딸들이었다.

명옥이는 아비의 신분이 그들에 비해 턱없이 빠진다고 느끼게 된 뒤부터 조금씩 변해 갔다. 나와 부딪치는 것도, 출근 때면 으레 해주던 볼 입맞춤까지도 어느 날부턴가 피하기 시작했다. 명호도 마찬가지였다. 주말이면 무슨 일이 있어도 나와 함께 즐겼던 테니스도 이 핑계 저 핑계로 피하기만 했다.

'그래, 이제 생각나. 바로 그거였어. 바로… 회사가 내게 남겨준 건 겨우 이것뿐인 거야….'

모든 게 억울하고 분해지기 시작했다. 그렇다면 진작 나도 임원들 뒤꽁무니를 따라 골프장에 나가 목이 터지게 굿 샷을 크게 외쳐줄걸. 새벽마다 수영장 가는 길목을 지키고 있다가 배 튀어나온 전무, 상무 뒤를 쫓아 들어가 "전무님은, 상무님은, 젊은 사람 못잖게 체격이 당당하십니다"고 굽실거려 줄걸. 그리고 테니스 할 때면 그들 옆에 착 달라붙어서 동작 민첩한 볼 보이 노릇도 해주고 이곳저곳 룸살롱을 뒤집고 다니면서 참하게 생긴 여자애들도 여럿 찍어두었다가 그들이 입 벌릴 때마다 하나씩 넣어줄걸….

그렇게라도 했다면 어느새 너무 매서워져 버린 아내와도, 비록 짧았던 신혼 때마냥 오늘도 살갑게 살고 있을지도 모르는데… 그렇게, 그렇게 어떻게, 어떻게 해서, 그 많고 많은 계열사 임원 자리라도 하나 꿰어찼더라면….

그랬더라면, 아침마다 회사에서 나온 운전기사가 까만 승용차를 집 앞에 대기시켜 놓고 날 기다리고 있었을 텐데….

그랬더라면, 그 승용차로 명옥이, 명호 등굣길에 도움을 줄 수도 있었을 텐데….

그랬더라면, 아내의 잦은 동창 모임 길에도 가끔씩 유용하게 쓰일 수 있었을 텐데….

결국엔 내 능력의 한계였다. 권력은 고사하고 가족들 어깨를 으쓱하게 해줄 만한 지위조차도 내겐 없었다. 그러다 보니 수중에 돈까지 없는 건 너무도 당연하였다.
그래, 맞다. 이제서야 깨우쳤다.
돈… 그래 돈, 돈일 수도 있었다.
인간이 자신들의 풍요와 행복, 그리고 소통과 탐닉 추구의 수단으로 돈이란 걸 만들었겠지만 돈, 그 돈이란 괴물의 일탈과 왜곡으로 생겨나 어느새 질병화되어 버린 돈, 그 돈 앞에 이젠 인간 스스로가 깊이 병들어 신음하고 있는지 모른다.
돈이 때로는 거대한 권력이 되기도 하지만 그 돈의 단맛이 인간에게서 빠지고 나면 그것은 끔직한 오수가 되어 인간을 덮쳐 숨줄을 끊어놓을 수도 있는데 말이다. 그럼에도 인간은 어제도, 오늘도, 물론 내일까지도 돈에 자신을 내맡기고 말 것이다.
이미 온 세상에 만연돼 버린 약탈적 문화를 너무도 많이 봐온 자신이면서 나만큼은 돈에서 자유롭고 절대 오염되지 말아야겠다고 늘 다짐했딘 건 사실이다.
그런 다짐이 결코 만용이 아니었길 지금도 믿고 싶을 뿐이다.

시큼한 눈물 한줄기가 뚝 떨어져 턱 끝에 매달렸다. 바다 위로 떨어진 새벽 달빛이 너무도 창백해 보였다. 시월의 새벽일 뿐임에도 엄동설한 못잖게 느껴지는 따끔한 바람이 눈물로 뚫어진 내 아픈 눈 속을 매섭게 파고든다.

"손들어! 뒤로 돌아!"
분명 소총 개머리판 두드리는 소리 아니면 노리쇠 전진, 후퇴시키는 소리였다.
눈물이 채 마르지도 않은 얼굴에 따가운 플래시 불꼬리가 꽂혔다. 위장크림으로 얼굴을 잔뜩 숨긴 로봇 같은 병사가 내 면전에 총구를 들이대었다. 그리고는 여러 차례 암구호를 요구하면서 겁박하듯 나를 다그쳤다.
엉겁결에 가방을 바닥에 내리고 두 손을 치켜들었다. 의심치 않아도 될 사람이라고 여러 번 설명했지만 병사의 태도는 요지부동이었다. 초소 안에서 그 광경을 주시하고 있던 또 다른 병사가 어디론가 급히 군용 전화를 돌렸다.
그렇게 불과 1~2분이나 지났을까? 정말 번개처럼 나타난 여럿의 군인들이 나를 에워쌌다. 까만 계급장이 얼룩무늬에 묻혀 식별이 수월친 않았지만 분명 중위 계급장이었다. 까만 다이아몬드 둘과 양어깨의 파란 견장에 빨간 명찰. 25년 전 내 모습을 다시 보는 것 같아 가슴이 뛰기 시작했다.

'그래, 나도 25년 전 수십 명의 병사들을 품에 안고 있었던 소대장이었어….'

해병 중위는 소초원들에게 내 가방을 대신 들게 했다. 병사들이 나를 겹겹이 둘러싸고 소초장 벙커로 데리고 갔다.

서울역에서 경주까지 함께했던 철책 나온 사병만큼이나 새카만 병사들이 둘러 지켜보는 가운데 소초장은 하나뿐인 철제의자를 내놓았다. 나는 자인서를 작성하고 이젠 거의 수명이 다 되어버린 명함까지 끼워 소초장 앞에 내밀었다.

상급부대 상황실과 통화를 마친 소초장은 '이곳은 새벽 4시까지 민간인의 출입이 전면 금지되는 곳'이라며 벙커 앞에까지 따라 나와 거수경례로 깍듯이 배웅해 주었다. 나는 해병 초급장교에게 손을 내밀었다. 소초장은 두 명의 병사들에게 나를 민박집까지 안내해 줄 것을 지시했다.

고만고만한 돌로 쌓인 작은 언덕을 넘어서자 백열전등 하나만 가물거리는 구멍가게가 눈에 들어왔다. 나직한 처마 끝엔 색 바랜 작은 담배 간판이 녹 꽃을 잔뜩 피운 채 매달려 새벽바람에 건들거렸다. 또 그 옆에는 민박이라는 엉성한 붉은 페인트 글씨가 붙어 있었다.

병사들 군화소리에 단잠을 깬 듯한 젊은 여자가 부스스한 얼굴로 방울 달린 문을 비스듬히 열어주었다. 사병들이 민박집 주인

여자에게 나를 가리키며 잘 부탁한다는 말을 전하고 막 문을 나서려고 할 때, 난 얼른 한 병사의 탄띠에 매달린 수통을 잡고 붙들어 세웠다.

진열장 한 켠에 수북이 쌓인 포장 빵을 모두 담아 달라는 내 말에 여인은 눈이 휘둥그레졌다. 그러나 여자는 빵을 담는 일은 젖혀놓은 채 돌아서서 옷매무새를 고치느라 경황이 없었다.

병사는 빵이 필요 없다고, 그런 것 때문에 동행해 준 게 아니라는 몸짓으로 손사래를 쳤다. 그들이 완강히 사양하는 만큼 나도 병사들에게 완강했다.

"전 상병 아저씨, 근무 중에 온 거예요?"

사뭇 어색해하던 여인이 평소부터 잘 알고 있는 것 같은 병사에게 각별한 친밀감을 보였다.

'아마 그럴 테지…. 나직한 언덕 하나 넘어오면 바깥세상 어디로든지 연락할 수 있는 일반 전화가 있고 별별 색색의 입가심 거리가 있으니 여기야말로 이들이 세상과 자유자재로 소통할 수 있는 유일한 통로일 것이고 또 위안처가 될 테지….'

음료수까지 곁들여 잔뜩이나 불룩해진 비닐봉지 하나씩을 손에 든 병사 둘이 절도 있는 경례를 붙였다.

병사 둘은 그렇게 떠나고 여인 혼자 덩그러니 지키고 서 있는 작은 가게 앞에도 바다가 있었다.

패려(悖戾)한 자들은 돈으로 사람을 나눠 구별하고 한담(閑談)하며, 비록 노략질한 것일지라도 돈으로 기준을 만들어버리는 인간의 소욕(所欲)적 천박함 때문에 어느 날 갑자기 바다가 분노하게 된다면? 그래서 이 작고 남루한 집을 단숨에 집어삼켜 버릴 수도 있는 그런 바다 앞에 지금 내가 와 있다.

서울을 떠나온 지 채 하루도 안 되었지만 분명 난, 지금 난 정말 이렇게나 멀고도 낯선 곳에 홀로이 와 있는 게 분명하다.

여기저기 구멍이 숭숭 난 문틈 사이로 통통배 엔진소리가 아침 갈매기 울음에 섞여 들려왔다. 그리고 오랜 세월 잊고 살았던 억센, 그렇지만 너무도 투박하여 오히려 정겹게 들리는 경상도 사투리도 그곳에 있었다. 그런 틈바구니 한쪽 곁엔 조그만 계집아이 하나가 어딘가에 숨어 토막 나버린 동요를 흥얼거리고 있었다. 천근 같은 머리를 겨우겨우 들고 환하게 밝아진 미닫이문을 조심스럽게 밀어보았다. 눈앞으로 너무 가까이 와버린 아침 햇살에 눈이 부셨다. 어쩌다 나와 눈이 마주쳐버린 계집아이는 낯가림을 하는 듯 대문 밖으로 도망을 쳐버렸다. 머리맡에 풀어놓은 시계를 들여다보았다. 10시 30분.

'도대체 몇 년 만에, 10년 만인가, 아니면 20년 만인가? 이렇게까지 늦잠을 달게 자 본 게….'

문밖에서 여인의 조심스런 인기척이 났다. 그러고도 한참을 망설이던 여인이 겨우 들릴 듯 말 듯한 목소리로 선생님이라며 조심스럽게 불렀다. 아마 호칭이 마땅치 않아서도 날 부르는 게 꽤나 힘들었겠단 생각을 해보았다.

식사를 준비해 두었다며 더듬더듬 거리는 여인의 흐림 말에 화들짝 문을 열었다. 여인은 이른 아침부터 냄새 좋은 샴푸로 머리를 감고 꽤 오랜만에 화장도 곱게 하였겠단 생각이 들었다. 채 마르지 않은 싱그러운 머릿결이 아침 바다와 잘 어울려 보였다. 그 순간 나도 얼른 거울 속을 힐끔 들여다보았다.

숱까지 많이 빠져버린 희끗한 머리가 행여 한쪽으로 쏠려 새집이나 짓지 않았을까 신경이 쓰였다. 손잡이에 고무줄을 꿰어놓은 노란 빗이 거울에 매달려 있었지만 여인 앞에서 빗는 게 왠지 민망스러웠다.

오래된 습관처럼 손 빗질을 하려던 나에게 여인은 겨우 들릴락 말락 한 소리로 발명을 했다. 여름 휴가철이 끝난 뒤라서, 민박손님이 끊어진 탓에 구멍 난 창호 문을 새로 붙이지 못한 것도 그렇고, 그러다 보니 침구 손질도 제대로 못 했다며 여인이 면구스러워했다.

낯가림 때문에 줄행랑을 쳤던 여자아이가 어느새 여인의 치마 꼬리 뒤에 숨어 나를 훔쳐보고 있었다. 나는 몇 번이나 '그렇지 않다'고, '괜찮다'고 오히려 '고맙다'고 인사하며 오늘 중으로 떠날 것이니 신경 쓰지 않아도 된다고 말했다. 그리고 새벽에 지불치 못했던 음료수, 빵값을 치르려 하자 여인은 떠날 때 주면 된다고 손을 내저었다. 왠지 그런 여인이 낯설어 보이지 않았다.

"저… 죄송스러운 부탁이지만… 어젯밤 과음을 해서… 혹시 두통약 같은 것 집에 있으면….″

여인은 진통제 한 알과 액체 위장약 한 포를 금방 들고 왔다. 그리고 계집아이의 작은 손에는 약국에서 흔히 권해 주던 드링크도 한 병 들려 있었다. 얼른 아침상을 갖고 나오겠다던 여인은 좀처럼 오지를 않았다. 그렇게 기다리고 있는 사이 방문 앞에는 어느새 세숫물과 새 비누 그리고 반듯하게 접힌 뽀얀 타월이 한쪽에 놓여 있었다. 수염을 대충 깎고 세수를 했다. 거울 속에 비친 윤기 없는 얼굴에 스킨로션을 듬뿍 발랐다.

그리고 손금 사이에 묻어 있는 로션을 머리에 바르고 빗질까지….

그렇게나 많았던 새카만 머리숱은 어느새 속이 훤해 보일 만큼 빠져버렸고 흰머리가 이렇게 많아진 것을 여태껏 나만 모르고 산 것 같아 마음이 휑했다. 눈가에 잔뜩 들어선 굵은 주름과 양 볼에 움푹 팬 깊은 골이 오늘따라 낯설어 보였다.

'그렇다면 서울에선 그동안 거울이 없이 못 보고 살았단 말인가? 그래, 내겐 그동안 거울조차 한 번 유심히 들여다볼 시간이 없었던 거야. 오늘처럼 늦잠을 달게 자도 아무런 문제 없고, 해가 중천에 뜰 때까지 아침밥을 먹지 않아도 아무렇지 않은 시간의 여유와 그 흔한 자유가 내게 없었던 거야….'

콧등에 땀이 송송 맺힌 여인이 어색한 몸놀림으로 까만 밥상을 들고 왔다.
"많이 시장하셨죠? 밥은 일찍 해두었는데… 술국을 끓이느라고 그만….”
급한 마음에 얼른 밥상을 내려놓고 서둘러 방문 턱을 넘어가느라 허둥대는 바람에 그만 벗어놓은 비닐샌들이 발에 제대로 걸리지 않아 바닥을 밟아버린 여인은 어쩔 줄 몰라 했다.
"워낙 시골이어서… 반찬도 그렇고… 어떡해요. 생미역무침과 꼬시래기 회는 오늘 첫 배에 들어온 것인데… 워낙에 솜씨가 없어… 비록 맛은 없더라도… 그래도 싱싱하긴 할 거예요.”
붉혀진 얼굴을 제대로 들지 못하던 여인이 뒷걸음질로 물러나 갔음에도 얼굴 까만 계집아이는 문 앞에서 얼쩡거리고 있었다. 그렇게나 도망질하기 바쁘던 아이였건만 어쩐 일인지 이젠 내 눈을 피하지도 않는다.
"아가야, 나랑 같이 밥 좀 먹어볼래?"
아이는 대답하지 않았지만 싫지 않은 눈치였다.
"그래, 신발 벗고 얼른 들어와, 어서?"
아이는 생소한 상표가 붙은 알록달록 운동화를 어렵게 벗고 조심스럽게 들어왔다. 비록 바닷바람에 새까맣게 그을린 아이였으나 새로 갈아입은 것 같은 분홍 원피스 자락에 감싸인 계집아이는 곱게만 보였다.

"아저씨… 그래, 내 곁에… 아저씨 곁에 앉아."

밥뚜껑에 밥을 덜어 아이 앞에 놓았다.

"아저씨는 젓가락으로 먹을 테니 넌 숟갈로 먹는 게 낫겠다. 그렇겠지?"

아이는 그제서야 고개를 끄덕이며 제 마음을 표했다.

아이의 눈이 유독 계란프라이 접시로만 가는 걸 금방 알아차렸다. 얼른 계란 접시를 아이 앞으로 옮겨놓았다. 여러 번을 망설이던 아이는 어렵사리 커다란 숟가락을 계란프라이 접시로 옮겼다.

아이의 어색한 숟가락질 밑에서 계속 미끄덩거리기만 하는 구운 계란이 아이 속을 태웠다.

"잠깐만 있어 봐, 아저씨가 먹기 좋게 잘라줄게."

아이는 계란프라이를 먹기 위해 처음부터 거짓 밥을 먹고 있었다.

잠시 뒤, 문밖에서 물그릇을 들고 오던 여인이 화들짝 놀라며 황급히 마당을 가로질러 왔다.

"선생님, 죄송해서 어떡해요. 아침밥 먹은 지 얼마 되지도 않았는데… 쟤가 왜 저러는지 모르겠네, 정말."

안절부절못하는 여인은 딸아이에게 빨리 나오지 못하겠느냐고 소리 죽여 재촉했다. 입안에 계란프라이를 잔뜩 넣은 아이가 울상을 지으며 대문 밖으로 끌려나갔다. 아이의 서러운 울음소리가 금세 들려왔다.

'아이는 아무런 잘못이 없는데….'

음식은 그다지 입에 잘 맞지 않았으나 심한 공복감 탓인지 아이한테 덜어주었던 밥까지 다 비웠다. 말끔하게 비워진 밥그릇 때문에 마음이 한결 편해졌을지 모를 여인을 잠시 떠올려보았다.

밥상을 윗목으로 밀쳐놓고 구멍 난 창호지 문 너머로 넘실거리는 바다를 내다보았다. 늙은 부부가 탄 조그만 고깃배 하나가 건들건들 대며 그리 멀지 않은 바다에서 그물을 내리고 있었다. 채 두 평도 안 되는 비좁은 공간일망정 노부부는 정겹게 일을 나누고 웃음을 나누는 것 같았다.

포구 바로 앞, 바닥에 자리를 펼치고 앉아 찢긴 그물을 꿰매고 있던 여인네들이 밥상을 들고 대문 밖으로 나오는 나를 힐끔힐끔 쳐다보았다. 물끄러미 구멍가게 창 너머를 내다보던 여인이 그런 내 모습을 발견하고는 낭패스런 얼굴로 뛰쳐나와 얼른 밥상을 빼앗아갔다.

잠시 전 동네 앞바다에 그물을 내렸던 노부부가 엔진도 없는 나룻배를 어귀에 갖다 대었다.

마지막 남은 담배를 물고 마을 모퉁이를 돌아가자 바닷바람에 새카맣게 그을린 남정네들이 둘러앉아 사 홉들이 소주병을 기울이고 있었다. 과자 부스러기 안주를 앞에 놓고 대접 소주를 마시는 그들의 모습에 가슴이 울컥거렸다.

'집집마다 넉넉하게 모아뒀을 생선 매운탕이라도 끓여 마시면 좋으련만….'

필터를 질끈 깨물고 그물을 추스르는 남편이 연신 뿜어대는 독한 연기를 고스란히 뒤집어쓰고도 전혀 찡그림조차 없는 부인이 보기에 좋았다. 제힘으로 이겨내기엔 벅차 뵈는 물통을 들고 여자아이가 빈방 앞에 우두커니 서 있었다. 왠지 콧등이 시큰거렸다. 아이 손에 들려진 물 쟁반을 얼른 받아 바닥에 내려놓았다. 그리곤 무릎을 꺾고 앉아 까맣게 야윈 계집아이를 살포시 껴안아 보았다. 어색해질 수밖에 없는 아이가 제 팔을 안으로 오므렸다. 채 한 줌의 몸피도 안 되는 계집아이가 내 품에서 꼼지락거리느라 가는 숨소리를 쌕쌕 내었다.

'그래, 그깟 구운 계란보다는 그런 걸 더 좋아하겠지? 그래, 전혀 바쁠 것도 없는데 읍내에 들렀다가 오후에 떠난들 뭐 어때?'

아이 손을 꼭 쥐고 구멍가게로 들어섰을 때, 낯선 남자 둘이 심상찮은 얼굴로 여인을 닦달하고 있는 걸 보았다. 뒤에서 우두커니 그 광경을 지켜보던 나를 발견한 여인이 어쩔 줄 몰라 했다. 무지막지한 권력을 행정용 1호 봉투에 담아오기라도 한 냥, 여인을 향해 낯선 남자 둘이 위협을 가했다.

'보건소 직원들이 저렇게 무소불위일 줄이야….'

"아주머니! 여기가 약국입니까? 이런 데서 의약품을 팔면 어떤 처벌을 받게 되는지 알기나 해요?"

그들은 천만 원의 벌금이니, 1년 이하의 징역을 살 수도 있다느니 하며 기가 꺾여버린 여인을 윽박질러대었다.

"아줌마를 약사법 위반혐의로 고발할 것이니 당장 여기에 서명날인 하세요!"

저녁 뉴스 시간이면 하루 빠짐없이 튀어나오는 썩은 돈 수억, 수십억에 이미 무감각해져 버린 내 귀에다 대고 보건소 직원이 내뱉은 천만 원 벌금 엄포가 순간 나를 너무 화나게 했다.

'기껏해야 두통약 한 통, 지사제, 소화제 몇 알. 그리고 물질하는 동네 아낙 몇몇과 다수의 어부들이 맹신한다는 자양강장제 몇십 병이 고작일 텐데…. 돈으로 계산해 봐야 기껏 2~3만 원도 안 되는 것일 텐데…. 기껏 해봐야, 고작 해봐야 그것밖에 안 될 텐데….'

아주 못된 형사들처럼 힘없는 여인을 앞에 세워놓고 대단한 권력자나 된 것처럼 거들먹거리는 보건소 직원들에게 나는 거칠게 항의했다.

너무나도 상세한 설명서가 첨부된 알약을 제대로 주지 못할 리가 없을뿐더러, "그럼 밤늦게 두통, 치통이 나고 급체라도 한다면 그럼 어떡해야 하는 거냐?"고 따졌다.

그리고 "이곳에 밤샘 영업하는 약국이나 응급실을 갖춘 병원이 있느냐?"고도 되물었다. 그리고 "언제 생길지 모르는 환자를 위해 당신들이 당직을 서냐"고 따졌다.

"일본만 하더라도 약국 바로 옆 슈퍼마켓, 편의점에서 상비약을 판매하는데 이 외진 동네에서 주민 편의를 위해 그래 기껏!"

그러나 보건소 직원들은 '여기는 일본이 아니지 않느냐'는 면박은 하지 않았다.

아이는 햄버거 하나를 눈깜박할 사이에 먹어치웠다. 콜라까지 두 컵을 마시고 난 아이는 피자도 먹을 수 있다며 고개를 끄덕였다.

아이는 제 얼굴보다 더 넓은 피자 한 판을 거의 다 먹고 나서야 긴 트림을 했다.

아이에게서 훔쳐 들은 아이 아버지 얘기가 마음을 허전하게 했다. 고깃배를 따라나선 지아비를 삼켜버린 잔인한 음부(陰府)의 바다를 떠나긴커녕 지금껏 그 원성의 바다를 가슴에 품고 살아갈 수밖에 없는 여인. 그리고 아비 없어진 어린 딸을 혼자 키우며 숱한 수욕(受辱)과 참소(讒訴)하는 자들로부터의 무수한 한담(閑談)까지 겪었을 젊은 과수의 우여곡절을 생각해 보았다.

정육점에서 쇠고기를 넉넉히 샀다. 그리고 세찬 바닷바람을 막아줄 아이의 겨울옷도 샀다. 여느 서울 여자들 못잖게 외모를 가꾼 화장품 가게 주인이 골라준 아이크림과 콤팩트, 립스틱을 새로 산 아이의 두툼한 외투 속주머니에 몰래 넣었다.

'내가 떠난 뒤, 이왕이면 겨울이 오기 전에 찾아 썼으면 좋겠는데….'

아이 손을 꼭 잡고 올라탄 읍내 택시가 서울 레 까 룸 앞을 스쳐 지나갔다.

눈을 감았다.

'그래, 비록 하루 동안의 짧은 시간이었지만 그래도 여러 사람을 만났고 또 여러 것을 보았어. 이 작은 곳에도 천박한 쾌락은 여기저기 똬리를 틀어 도사렸고, 패려(悖戾)한 자들이 탕패(蕩敗)한 오만과 편협, 모순과 위해(危害)가 곳곳에 숨어 있었어. 그리고 이곳 아이들 역시 햄버거와 피자를 서울 아이들 못잖게 좋아했어….'

새 옷 따위엔 아예 관심도 없이 오로지 새로 산 캐릭터 인형만 주무르는 아이의 조그만 손을 살포시 잡아보았다. 어느덧 아이는 이제 내 손아귀를 벗어나려 애쓰지 않았다.

"아저씨, 아저씨는 언제 갈 거야?"

그렇게 말하면서 내 손을 꼭 움켜잡던 아이가 거짓말처럼 내 품에서 잠들었다. 택시가 읍내 모퉁이를 조금만 돌아서자 바다가 금세 또 펼쳐졌다. 아이를 조심스럽게 들춰 업었다. 등에 엎드린 아이 가슴이 따듯하다. 그렇게 걸음을 조심조심 옮겨 마을 어귀에 닿았건만 아이는 어떻게 알았는지 금방 눈을 크게 떴다.

"선생님…. 하루만 더 쉬시다… 내일 아침 일찍 가시면…."
그렇게 더듬거리던 여인이 또 얼굴을 붉혔다.
"사오신 고기도 너무 많고… 좀 드시고 가셔야… 저희 둘이서 저걸 다 먹으려면… 한 달을 먹어도 남을 거예요."
좀처럼 가셔지지 않는 그녀의 홍조 앞에 이젠 내 얼굴까지도 붉어질 것만 같았다.
"그리구요, 조금 있으면 게 잡이 나갔던 배가 들어올 시간이에요. 대게도 좀 드시고… 그러시면 좋으실 텐데…."
'아이와 단둘이 살자면 모질고 강해야 될 텐데… 이깟 말 한마디 하는 것조차도 이렇게나 쑥스러워 얼굴 붉히고 제대로 못하니… 그러지 말아야 할 텐데… 더 강해져야 할 텐데….'

고깃배에서 금방 내린 것이라며 찐 대게를 쟁반에 잔뜩 담아 왔다.
"무슨 술을 좋아하시는지 몰라 소주를… 저희 집엔…."
여인은 그렇게나 어렵게, 어렵게 입을 떼어갔다.
"방 안이 갑갑하시면… 곧 달도 좋을 텐데… 바닷가에 나가 드

셔도 좋으실 텐데….”

세상이 잠들어가는 시간임에도 불구하고 바다는 쉽게 잠들지 못했다.

어느 집에선가 크게 틀어놓은 라디오 다이얼 틈을 비집고 들어가 지지직거리는 낯선 방송이 낮은 담장을 타고 넘어왔다. 생소한 사회교육방송이 귀에 설었다.

"선생님…."

등 뒤에 여인이 우두커니 서 있었다.

"밤 바람이 차가운데 왜? 어떻게…."

"… 선생님, 제가 술 한 잔 부어 드려도 될까요?"

불과 한나절 사이에 새 창호지로 바뀐 뽀얀 방문을 발견했다. 그리고 형광등 아래 빳빳이 풀 먹여져 가지런히 깔린 이불을 보았다.

지금도 이불 홑창에 쌀풀을 먹여 곱게 손질하는 젊은 여자가 이곳에 있었다.

가을 녘, 들풀 위에 내린 이슬 같이 느껴지는 여자, 왠지 눈물까지 많았을 것 같은 착한 여자가 늙수그레하고, 어느 사이 구부정해져 버린 내 등 뒤에 서 있었다.

흡사 도둑맞아 버린 것 같은 세월이 비로소 눈에 보이는 것 같았다.

문득 어머니가 보고 싶어졌다.

'그래도 어머니만큼은 서울에서 내쳐진 아들을 보고, 비록 쫓겨 나고 말았어도 못났다고 흉보진 않을 텐데….'

쉽게 잠에 들 수 없었다. 행여 잠이 든 사이 나이 든 아들을 품으로 꼭 껴안아줄 어머니가 꿈에서 사라져버릴지 모른다는 조바심 때문에….

문밖은 여전히 창백하다. 새하얀 창호지 문 사이로 여인의 긴 한숨소리가 파도소리를 따라 들려오는 것 같았다. 여인의 얼굴 위로 내 어머니 모습이… 내 어머니 모습 위에 여인의 파리한 얼굴이 겹쳐진다.

벽으로 몸을 돌려 뉘어 본다. 그래도 쉽게 잠은 안 온다. 파도소리가 점점 가까워져 오는 것 같다. 이제 어머니 품으로 돌아갈 시간이 되어가는가 보다.

서울역은 여전히 북적였다.

궤휼(詭譎)의 도시.

으르렁대기만 하는 분잡한 도시.

걸핏하면 나를 상대로 간계(奸計)를 꾸미고, 나를 수욕(受辱) 만 했던 도시.

서울이 또 싫어진다.

민주적, 평등적 자본주의 가치를 우리보다 훨씬 앞질러간 나라들의 노략질하는 것만 먼저 닮아버린 도시.

소위 상위 몇 %라는 자들이 이 나라 부(富)의 5분의 1을 점령, 보유했음에도 불구하고 아직도 멀었다며, 아직은 눈에 반(半)도 안 찬다고 난리 피워댄다.

그런 자들이 진찬(珍饌), 진미(珍味)의 욕망을 좇느라 허기진 자들까지 속이고, 빼앗고 해치려는 도시.

권세 가진 소수자들이 다수를 좌지우지하고 또 쥐락펴락하는 불공정한 룰이 판치는 도시.

거칠게 치열한 도시.

다툼으로 인해 버거운 삶을 살아낼 수밖에 없는 도시. 너무도 척박하여 동업자, 동역자 하나 없는 빈궁한 도시.

내 과거의 흉함까지도 고스란히 남아 있는, 그래서 다시는 되돌아가지 않고 싶은 도시.

공의(公義)는 업신여김당하고, 근실(勤實)하며 곤고(困苦)한 자들을 신원(伸寃)해 주고 두호(斗護)해 주는 여유와 아주 작은 은택(恩澤)마저 존재치 않는 고약한 도시.

나날이 불선(不善)한 길로만 치달으며 궤사(詭詐)한 입술. 그리고 참소(讒訴)하는 혀로 아첨만 일삼는 사특(邪慝)한 치리자(治理者)들만이 모여 웅성거리는 헐벗고 남루한 도시.

과정이나 절차, 수단 방법 같은 건 아예 상관이 없어지고 오직 많이 가져야만 높임과 받듦을 받을 수 있다고 최면에 걸려버린 계교(計巧)의 도시.

돈의 고난을 한 번도 경험해 본 적도 없고 오로지 이기는 습관만이 몸에 배어버린 사람들이 활보하는 도시.

권력과 자본이 다스리지 않고 이성과 양심 그리고 양보와 나눔이 공존하는 세상에 다수가 속해지는 그런 소망을 꿈꿔보는 게 어리석은 기다림이 되고 말 것 같은 도시.

그런 도시 한복판에서도 허기가 들면 밥을 넘겨야 했다. 고갈된 육신을 간신히 끌고 집에 들어오면 어김없이 잠이 몰려왔다.

인간이란 결코 이것밖에 안 되는 존재임에도 불구하고 천년만년 살 것처럼 남을 이기려 물고 뜯느라 매일을 헐떡거렸던 것 같다.

지독한 결핍에 시달리면서도 윤택을 쫓느라 말라비틀어진 제 살을 뜯고 또 뜯어내는 인간의 어리석음을 깨우쳐주는 이가 이젠 보이지 않는다. 행여 그런 것에 귀 기울여줄 사람이 있을까 싶어 세상 밖을 나와 봤지만 이미 외눈박이 되어버린 내가 갈 만한 곳은 정녕 보이지 않았다.

세상은 넘쳐서 흔들거리고 또 너무 가벼워 흔들거린다.

옳은 길을 통찰(洞察)하고 스스로 깨우치며 시제(施濟)하는, 근실한 사람들이 번번이 완패하고 마는 소욕(所欲)의 도시, 모반(謀反)의 도심 한복판에서 나는 또다시 망연자실했다.

청량리역은 어머니를 만나러 가는 첫 길목이다.

당신처럼 조금씩, 조금씩 쇠폐(衰弊)해져 가는 나그네 아들을 향해 언제나 한결같이 '괜찮다'며, '다 내 잘못이지, 네 잘못은 하나 없다'면서 '어미 품에 얼른 오라'고 양팔 벌려 손짓하는 어머닐 만나러 갈 수 있는 청량리역은 오늘도 한산하다.

고향 집 야트막한 천장 밑 문짝이 돌쩌귀에 매달려 오랜 세월같이 따라 돌았던 것처럼.

난 지금도 어머니 품을 껴안아 돌고 있다. 방구들 꺼지게 내쉬던 어머니 한숨이 빙빙 돌고 돌아 내 귓속을 파고드는 것 같다.

30년, 40년, 아니 꼭 50년 전처럼….

꼭 그때처럼….

- 끝 -

 형형 각색으로 만개한 봄꽃들 속에서 그리움이 뭉클거린다.
 개나리, 벚꽃은 올해도 세상 이치를 버젓이 역행하며 희뿌연 회색 도심 군데군데 언저리마다에 노랗게 하얗게 피어났다.
 깊고 높은 산은 물론 야트막한 산 두덩 진달래 역시 잎보단 꽃을 먼저 피웠을 것이다. 순리보다는 천연덕스런 역행이 더 자연스러워져 버린 초봄 녘 반란의 행렬 속에는 내 어릴 적 흔적도 지금껏 고스란히 남아 있다.
 그렇게나 꽁꽁 얼어붙었던 눈 산등성이 녹아내린 찬물을 받아먹고 자란 라일락도 이제 얼마 후면 새 움을 틔울 것이다.

 세상은, 흡사 세기말적인 것처럼 어수선하게 돌아간다. 완악한 세상이야 어디로 가든, 어느 곳으로 숨어버리든, 어차피 고통의 도가니 같기는 매양 마찬가지 아닌가?

도심 골목골목은 환락의 괴성들과 피맺힌 절규의 몸부림들로 꽉 들어찼고 흡사 사망의 진토(塵土) 같은 도시 구석구석엔 구린내가 진동한다.

지극한 순리를 뻔뻔스레 거역하고 너무나 뻔한 상식적 이치까지 망각하고 옳은 것을 향해서도 철딱서니 없게 삿대질하며 바락바락 악을 써대는 살풍경들 속에서도 공교(工巧)한 역행은 올해도 어김없이 봄꽃을 피워냈다. 그리고 진수렁에 빠진 세상 속 순리도 정미(精美)한 꽃을 피워 천연덕스레 향내를 뿜는다.

"양파, 대파, 풋고추, 싱싱한 오이 왔어요."
"꽃상추, 배추, 전라도 신안 비금도에서 온 섬초, 시금치 왔어요."

아침나절 동안 천막을 몸에 두른 작은 트럭들이 벌써 몇 대째나 아파트 언저리를 기웃거리다 돌아갔는지 모른다. 서슬 퍼런 경비아저씨들 눈만 아니라면 아파트 한복판에다 난전을 펴고도 남았을 행상들이 모노 음향 녹음기를 쳇바퀴처럼 돌려대었다.

겨울이 물러난 게 겨우 엊그젠데 계절을 잊어 먹어버린 한여름 채소들이 신지식을 습득한 농사꾼들 손에 조작되어 우중충한 도심 한복판으로 끌려 나왔다.

새 학년에 올라와 받은 새 교과서이니만큼 단 며칠은 들여다보련만 녀석은 휴일 아침 내내 컴퓨터 게임에만 빠져 있다.

"준민아, 이제 그만하고 아침밥 먹어야지?"

"…"

"준민 씨! 어서, 식사하고 나서 다시 또 하세요."

들은 척도 않는 아이를 어떻게든 식탁으로 불러들이려 애쓰는 아내의 콧소리가 낯설 만큼 너무 달콤하다.

옛날, 뭐 굳이 옛날이랄 것도 없지. 내 초등학교 시절이니까…. 이제 약 30여 년쯤 되었겠네. 이맘때쯤이면 굵고 시커먼 숫자가 박힌 묵은 달력을 뜯어 새로 받은 신학기 교과서에 정성껏 옷 입히는 일이 그렇게도 설레고 즐거웠었는데….

내 어머니는 숯 검댕이 잔뜩 묻고 구멍까지 난 광목 앞치마에 찬물 젖어 언 손을 쓱쓱 문지르며 왜 빨리 안방 밥상머리로 안 나오느냐고 땡고함을 지르곤 했었는데….

기껏해야 시커먼 보리밥 몇 덩이와 시어빠진 김치 접시 하나 달랑 밥상에 올려놓고서도 어쩌면 그렇게도 당당하게 고래고함을 지를 수 있었을까?

뚫어진 누런 창호 문틈 사이를 비집고 밤마다 쳐들어오는 심술바람 앞에 가물거리던 초롱불 등잔 밑에서 눈이 빠지게 들여다봐야 겨우 겨우 뵈던 산수책.

시퍼렇게 날 벼른 작두에 잘린 마른 짚 섞어 찍은 얼기설기한

흙담집을 벗어난 게 어느새 이렇게나 되었나?

　유리알 같은 아침 이슬에 파랗게 씻겨진 민들레 잎. 겨우 하루 두어 차례 들어오던 완행버스가 누런 흙 뭉터기를 내쏟아 점점이 모아진 하얀 냉이 꽃 잎파리를 단숨에 더럽혀버리던 깡촌의 한낮.
　그렇게 심술 덕지덕지하던 고물버스가 마냥 야속하기만 했던 그 황무한 깡촌 벗어났던 때를 떠올려본다. 온통 무능하여 혼매(昏昧)했던 땅. 그 고루한 봉건적 허물이 잔뜩 쌓인 폐쇄회로 같던 그 깡 마을을 벗어날 수 있었던 건, 그건 쇼생크의 탈출 같은 것이었다.

　깡촌.
　그렇지만 적어도 그곳엔 그 어떤 불평도, 불만도, 심통도 불평등이나 잔해(殘害)함으로 인한 불이익 같은 건 애초부터 존재치 않았다. 오로지 그곳, 심심산골 동리에는 너무도 공평한 평등만이 엄존하고 있었을 뿐이었다. 그냥 모두가, 그냥 그렇게 두루뭉수리 어울려 살기만 하면 되는, 그래서 마음이 한없이 풍비하고 너무 평온하여 오히려 무력해 뵈기까지 하는 마을로 보일 뿐이었다.
　비척거리고 헛헛했던 시대 한가운데서도 그곳 사람들은 올바

름도, 입바름도, 빈핍한 청렴도, 도회의 이기들에 의해 첨부터 끝까지 조롱당하고, 힐문(詰問)당해도, 그들만큼은 그런 걸 애써 모른 척했다. 그릇됨 들에도 완강키는커녕 아주 작은 거부나 저항조차 할 줄 몰랐던 그 깡촌 사람들.

어설프기만 하고 늘 데퉁맞아 문명의 이기들로부터 가끔씩 상처받고 긁혀도 그들은 절대 덧나 피고름이 맺히는 일도 없었다.

"준민아, 김치도 아주 좋은 반찬이야. 그리고 생선엔 칼슘과 DHA라는 게 있어서 많이 먹어두면 정말 몸에 좋단다."

잔뜩 골이 난 아이는 제 밥숟갈 위에 올려놓은 김치 한쪽을 뚫어져라 들여다보다가는 그만 밥숟갈을 식탁에다 내동댕이치고 말았다.

"그렇게 좋은 것이면 자기나 실컷 먹으면 되지, 준민이가 그런 매운 김치를 어떻게 먹을 수 있다고 그래! 그렇게 준민이 생각하는 것이면 생선뼈나 좀 발라주든지."

눈을 치켜뜬 아내가 삭도 같은 말끝을 날카롭게 곤두세웠다.

지긋지긋한 가난이 싫어 일찌감치 깡촌을 박차고 올라와 그렇게나 넓고 높기만 하다는 객지, 서울 땅에서 크게 성공했다는 소문이 자자했던 아버지 친구 집에 바리데기처럼 얹혀 대학을 다녔던 생각이 울컥 떠올랐다.

꽤 부촌이었던 서교동에 3층 양옥집을 소유하고 있었음에도 불구하고 가시방석이나 다름없었던 앉은뱅이 밥상머리에 앉을 때면 날마다 치솟는 쌀값, 연탄값 들먹여 밥 넘기는 목젖을 울컥거리게 했던 그 부잣집 아주머니가 생각났다. 많은 식구들 땜에 익은 김치 한 번 제대로 먹어볼 수 없다고 딱딱거리던 아버지 친구 부인 아주머니 말투를 그대로 흉내 낸 것 같은 아내의 쉼 없는 공박에 난 그만 수저를 슬그머니 내려놓았다.

아내는 프라이팬에서 급하게 구워낸 스팸과 프랑크 소시지를 아이 밥그릇 옆에다 내려놓고는 그 위에 머스터드소스와 토마토 케첩 병을 거꾸로 세워 뿌렸다. 그렇게나 심통 부리던 아이는 그때서야 큰 유세(有勢)를 부리듯 포크 모양의 숟갈을 들었다.

매캐한 매연과 살벌한 시선들, 그리고 무미건조한 궤계(詭計)적 언어들이 덕지덕지 묻은 와이셔츠 주머니에서 담배 한 개비를 꺼내어 들었다.

'거실 탁자 위에서 재떨이가 사라져버린 게… 그게 언제였더라?'

눈치껏 사무실을 빠져나와 회사건물 가장 후미진 곳, 흡사 음부(陰府)의 구석지 같은 곳에서 좀도둑질하듯 연거푸 줄담배로 허기를 채워 일어설라치면 언제나 바닥이 노랗도록 머리가 핑 돌았다.

그렇다는 걸 번번이 겪으면서도 우매무지한 난 멍해진 정신을 다시 곧추세우고 무슨 죄나 지은 사람처럼 제자리로 숨어들어야 하는 치사하고 용렬한 담배질….

 엄연히 내 이름 석 자로 등기된 내 집임에도 불구하고 언제부턴가 도둑고양이처럼 맵찬, 아니 한여름 뙤약볕에 달궈져 후끈거리는 베란다로 쫓겨나 훔쳐 먹듯 구걸 담배를 피운다.

'적어도 내 아버지는 그러지 않았는데….'

저녁 설거지를 끝낸 어머니가 차가운 윗목에 앉아 구멍 난 양말을 꿰매고, 해진 옷가지를 손질할 때도, 내 아버지는 어머니 바로 코앞에서 독한 궐련을 거침없이 피워대었는데… 그럼에도 어머닌 아버지 앞에 찡그린 얼굴을 한 번도 보이지 않았었는데….'

이렇게나 지지리 궁상을 떨면서도 난 지금껏 그깟(?) 놈의 담배 하나를 끊지 못하고 있다.

 불과 출근시간에 5분만 늦어져도 죽을죄라도 지은 양 일부러 키 높은 사무집기 틈바구니 뒤에 붙어 가재걸음으로 슬쩍 숨어드는 법을 난 이미 오래전 터득해 버렸다.

 여느 퇴근 무렵, 공(空)으로 생기게 된 삼겹살 집에서의 1차 기본 접대가 끝나고 나면 납품처 간부는 으레 또 다른 도심 속으로 날 끌어들이는 일을 은밀하게 벌인다.

 마치 내가 그자들의 채주(債主)라도 된 양 조속한 물품대금 결제 약속은 언제나 비밀스럽게 꼭꼭 숨겨진 지하 은신처에서 이루어졌다. 독한 술에 거나하게 꼬여버린 혀끝으로 서로서로에 아첨하며 은밀한 거래를 이루어내곤 했다.

제아무리 눈귀 밝은 술래일지라도 쉽사리 찾아낼 수 없는 요새로 난 내일도, 또 모래도, 그렇게 꼭꼭 숨겨지게 될 것이다.

'룸살롱, 안마시술소, 무슨 무슨 방, 성인 나이트클럽, 스포츠 마사지 업소, 영계집 그리고 또 뭐가 있나? 그래 지하 이발관.'

이젠 용한 술래조차 없어져 버린 상태에서 벌어지는 기괴한 숨바꼭질놀음이지만 그럼에도 그들을 숨겨줄 기막힌 요새는 지금도 세상 도처에 즐비하게 넘쳐난다. 그 어떤 안전망도 없어진 사회에선 신 자유적 사고와 판단만이 필요할 뿐이라고 떠들어댄다. 그런 말기적 세상과 난 날마다 힘에 버거운 숨바꼭질을 하고 있다.

그렇게 한바탕 유희적 놀음을 모조리 탕패(蕩敗)하고 나면 난 또다시 후들거리는 다리 뒤꿈치를 세워 집으로 몰래 숨어든다.

'과연 내가 까치발을 들고 얼마나 오래 서 있을 수 있다고….'

이미 그곳엔 내 발자국 소리 듣는 것조차 넌덜머릴 내는 아내가 도사리고 있다. 거기다 가공할 만한 무소의 힘으로 무장된 화질 뛰어난 첨단 TV가 오래전부터 아내와 안방을 지배하고 있다.

소득의 양극화, 사고와 방식의 양극화, 불편하고 불안한 세상의 양태(樣態)로 말미암아 자꾸 심화되어만 가는 분열. 거기다 최소한의 겸비(謙卑)함마저 없어져 버린 사회엔 분열과 격한 어조가 흉용(洶湧)한 물줄기를 이루며 치열하게 벌어졌던 시국토론마저도 이젠 실종, 소멸해 버렸다.

그래서일까? 이젠 해바라기조차도 한낮의 땡볕 따르기를 거역하고 만다.

주말이면 으레 실세 임원들을 따라나서 마음에도 없는 "굿 샷!"을 목 터지게 외쳐대었다. 거기다 후방부대 연대장 출신 상무이사는 군에서부터 발군의 실력을 보였다는 테니스 코트로 걸핏하면 날 불러내었다. 골프장에선 상무의 수족 같은 남자 캐디가 되어야 했고 또 테니스장에선 날렵한 전문 볼 보이가 돼야 했다.

불룩 튀어나온 데다 잔뜩 늘어진 아랫배까지 자랑삼으며 거들먹거리는 전무를 따라 사우나에까지 갈 때면 으레 "전무님은 언제 봬도 체격이 당당하십니다"라고 말해야만 했다.

"최 과장, 정말 그렇게 보이나?"

"예, 물론이고 말고요. 전무님과 사우나를 올 때마다 느끼는 거지만 전 늘 전무님의 몸이 부럽습니다."

전무는 흘러내리는 비지땀을 이마에 질끈 묶은 타월로 닦아내면서 연신 헛기침을 해대었다.

"최 과장, 사실 말이야. 내 입으로 이런 말은 않으려 했네만… 말 나온 김에 자랑 같지 않은 자랑 함 해야겠네. 젊은 시절 내가 한창 운동할 때는 말이야, 이 몸매 하나 때문에 여러 여자들이 침을 질질 흘렸지. 허 허허 허."

돈과 권력에 빌붙어 곡학아세를 일삼는 양지 지향적 해바라기 무리들을 그동안 우리는 얼마나 조롱하고 비난하며 살아왔었나?

지난날의 독재 정권들은 하나같이 사람들의 생각을 족쇄로 옥죄고 참칭(僭稱)해 왔지만 지금이야 어디 그런가? 철권 통치자들의 영솔(領率)에 오랫동안 행습(行習)되었던 사람들이 어느 날 그 속량(贖良)에서 벗어나 이젠 할 소리 못할 소리 구별조차 않고 쏟아낸다. 그래도 직성이 안 풀린다 싶으면 보수 성향 세력들이 그렇게나 혐오하는 붉은색 띠를 머리에 칭칭 묶고는 주먹을 불끈불끈 치켜든다. 그리고는 공구(恐懼)를 부추기는 자극적 문구 박힌 현란한 피켓을 들고 백주 대로에서 흔들어 대는 세상이 되었지만….

그렇지만 난 지금 내 스스로가 만들어 높이 쌓아놓은 악취 더미에서 자발적으로 써놓고 만 함구각서의 족쇄에 채여 날마다 허우적대고 있다. 끝이 보이지 않는 천박한 상업주의에 찌들어버린 LED/HD/3D 화면도, 또 나날이 호사(豪奢)하고 기묘해져 가는 모든 매체의 지면들까지….

이렇듯 전혀 예측할 수 없게 날아드는 광란의 물맷돌 반격에서도 난 결코 자유스러울 수 없다.

무궤도한 언동과 고까움. 그리고 범과(犯過)의 노여움들로 득실거리는 내 삶 터엔 흡사 신묘의 경지에 이른 복술자(卜術者) 무리들이 밤마다 불러들이는 악령과 유령들이 벌이는 굿판이 매일매일 요란하게 벌어질 뿐이었다.

절대 국가 권력이라는 미명 아래 자행되었던 무자비한 독재의 망령은 언제부턴가 슬그머니 종적을 감췄다지만 그에 못지않은 기형적 천민자본주의의 또 다른 형태의 도륙(屠戮)이 지금 세상 도처에서 횡행한다. 그리 짧지 않은 세월에 걸쳐 몇 번의 격동적 역사가 단단하게 고착되어 왔던 요지부동의 판을 뒤집어엎긴 했다. 그럼에도 철옹성 기득권들은 꿈쩍치 않았다. 오히려 그들은 또 다른 모양으로 만들어낸 기괴한 망령의 꼬리표를 스스로에 갖다 붙인 뒤 새로운 이름의 독재자들임을 자청하고 나서기에 이르렀다. 그렇게 생성된 기형적, 노략형 자본주의는 지금 이 순간도 세상 한복판에 파란 불을 뿜으며 곤두서 있다.

분의(分誼)와 진실은 땅에 묻혀도 절대 썩지 않는다고 했지만 어처구니없어진 현실은 가치관의 전도(顚倒)와 패역(悖逆)을 불러들여 아슬아슬한 세상을 나락으로 몰아 더더욱 타락시킨다.

오로지 개인적 성공지향만이 절대적 가치일 뿐 덮어주고, 품어주고, 나눠주는 걸 세상살이의 본질로 여겨왔던 또 다른 사람들의 사는 방식쯤은 거침없이 배역(背逆)해 버리고 마는 세상 난간에 이젠 닻이 내려진 것 같다. 그런 비류(非類)들만이 득실거리는 작금의 세상 앞에 사람들은 이제 하나둘씩 무릎 꿇어간다.

오늘 하루만큼은 가족과 함께 보내기로 며칠 전부터 작정을 했었다. 그러나 휴일 아침나절 아이한테 김치 한 조각 먹이는 것, 기껏 그런 것 하나 때문에 휴일 아침이 이렇게 엉망으로 일그러지고 말았다.

집안 어디를 둘러봐도 뻘쭘해져 버린 내가 피해 있을 만한 곳은 없었다. 하는 수 없이 베란다로 나와 애꿎은 담배에 또 불을 붙였다. 허접한 쓴웃음이 뿌연 담배연기에 섞여 베란다 바닥을 흥건하게 만들었다.

거실 창 너머로 힐끗 비친 아내의 얼굴엔 여전히 두꺼운 근육들만 덥혀 있을 뿐이었다. 필터에까지 타들어와 버린 꽁초를 미국산이라는 원산지 표시가 또렷한 스팸 깡통 속에 비벼 넣고는 슬그머니 거실로 들어왔다.

아이는 모니터 화면에 새롭게 출몰한 괴물 무리들에 눈을 꽂고 연신 조그만 손을 현란하게 놀려대었다.

"준민아, 아빠랑 같이하면 안 되겠니?"
"…"
대답은커녕 아이는 곁눈도 한 번 맞추려 들지 않았다.
오히려 아이는 내 몸에서 풍기는 담배 냄새가 끔찍하게 싫다는 얼굴로 의자와 궁둥이를 모니터 더 가까이로 당겼다.
"준민이가 싫다는데 왜 자꾸 치근덕거려! 구린내까지 풍기면서 말야."
싱크대로 세차게 쏟아 내리는 수돗물소리마저도 꺾어버려야 속이 후련하다는 듯 아내는 표독스러워 뵐 만큼 큰소리를 내질렀다.

'탐욕과 오만, 섹스에의 지나친 탐닉과 허영. 그리고 향락에 절은 비루하고 치졸한 졸부들은 어제와 마찬가지로 휴일 이 시간, 그 어디에서, 또 어떤 대접을 받아가며 이미 오래전부터 몸에 배어버린 묵직한 누림을 만끽하고 있을까?'
아니면, 외양 매무새를 그럴듯하게 다듬고 길을 나선 위선적 엄숙주의자들은 지금, 휴일 오전인 지금 또 어떤 장소에서 뭘 하고 있을까? 자신들만이 소유하고 있는 묘책과 비방의 계략은 숨긴 채 '현실의 고통에 막무가내 저항하기보다는 차라리 그것에 철저히 순응하며 사는 게 훨씬 편한 법이다'며 기묘히 꼬드기고는 오만하게 거들먹거릴 것이다.

어느덧 까마득해져 버린 시대, 그렇게나 견고했던 억압의 수단, 야간통행금지를 없애준다는 도깨비 정권의 배려(?)로 인해 숙박업자들은 잔뜩 겁을 먹었었다. 바깥에서 자정을 넘겨버릴 수밖에 없는 불가피한 사람들과 이런저런 사정으로 어쩔 수 없게 객지 잠을 자야 하는 자들을 재워주는 것을 업의 본질로 알아왔던 게 어리석었다고 뒤늦게 깨닫게 된 업주들. 야간 통행금지 해제로 인한 숙박업자들의 수익 감소는 고사하고 잠깐의 대실영업이 오히려 더 큰 호황에 호황을 누리게 되는 뜻밖의 역설적 현상에 대해 납득될 만한 설명도 이 사회엔 아직껏 없다.

아내의 배웅을 받고 멀쩡하게 출근했던 근엄한 남편과 볼 입맞춤까지 해줘 가며 살갑게 제 남편을 출근시켰던 애교덩이 아내가 버젓이 모텔 빈방을 대실하는 게 그리 생소한 일이 아니라는 걸 알만 한 사람은 이미 다 아는 것 아닌가?

도덕과 윤리 그리고 진심과 진실이 흉측하게 패괴(敗壞)되어도 세상은 이제 아랑곳하지 않는다. 설명도, 설득도 이해도 양해마저도 사그리 없어져 버린 야박한 세상….

그럼에도 우린 너무도 태연자약하게 그 세상에 뒤섞여, 뒤엉켜 무감각이 살아가고 있는 것 아닌가?

준민이 손목을 거칠게 잡아챈 아내가 주섬주섬 바구니를 챙겨 들고 현관을 나섰다.

"목욕 갔다 올 테니 그놈의 잠, 코가 돌아가게 자든지 말든지 맘대로 해!"
"…"

'아버진 언제나 막걸리에 절어 썩은 냄새를 풍기며 비틀대었어도 어머닌 늘 그러셨는데….'
"몸 상하시게 어디서 이렇게 약주를 과하게 드셨어요?"
'어머닌 언제나 그렇게 극존대를 했었는데… 그러했음에도 아버지가 다스렸던 집안은 엄숙함 속에도 언제나 평온했고 위엄 속에서도 늘 안연(晏然)하였는데….'

가벼운 카디건을 아무렇게나 걸치고 무작정 아파트를 나섰다.
도심 한가운데 만큼 숨 막히게 번잡지 않는 또 다른 모양으로 만들어 세워진 낯선 서울 길이 눈앞에 펼쳐 있었다.
지난 어느 늦가을, 축 늘어진 어깨를 움츠리고 이 길을 걸었던 기억이 되살아났다. 그날도 역시 상사에게 참기 힘든 모욕을 질책이란 이름으로 잔뜩 뒤집어쓰고 땅 꺼지는 한숨을 내쉬었던 바로 그 자리, 그 도로 양편으로 떨어진 가로수 이파리 바스러지는 소릴 발밑으로 들으며 내 삶도 이 낙엽과 별반 다를 게 없다고 생각하며 걸었던 기억이 퍼뜩 떠올랐다. 그렇게 고적해 봤던 그 초겨울 길을 걸었던 이후론 동네 나들이가 첨인 것 같았다.

염곡(鹽谷)

인위적으로 얼기설기 엮어 꾸며놓은 게 분명해 뵈는 개나리 길을 내딛는 걸음걸음마다에 곤비(困憊)한 마음의 쉼표를 찍어가며 점차 순도 높아가는 봄 길로 한 발짝씩 걸음을 옮겨보았다.

그냥… 무작정 걷다 말다… 그냥… 무심코 올려보다 또 내려보다… 그러다 이내 더는 갈 곳이 없음을 알게 됨 탓인지 갑자기 다리가 천근만근 같이 느껴졌다. 기껏 그것밖에 안 되는 자신이 너무 우매무지하게 느껴졌다.

'이곳은 이미 나의 꿈을 실종시켜 버린 휑한 시대 한가운데에 웅크리고 있는 음침한 도시일 뿐이다. 그렇지만 아득한 내 고향 동리에는 지금도 여전히 공의(公義)의 바탕이 진리처럼 내재된, 꿈이라는 또 다른 길이 열려 있을 것이다. 물론 농심조차 병들었다고 말하는 사람들이 있긴 하지만….'

그럼에도 그곳엔 그런 미명(未明) 같은 꿈을 꿀 줄 아는 아주 맑은 사람들이 지금도 옹기종기 모여 살고 있다고 버럭 소리 지르고 싶어졌다.

윤리나 자궁이 실종된 지 이미 오래이고 꿈이란 꿈 또한 모조리 옥죄어져 숨을 멎어버린 시대를 내가 지금 살고 있는 게 분명하다. 그러함에도 이곳 사람들은 걸핏하면 끼리끼리 운집해서 담합을 하고 웅성웅성 거리며 태연하게 자정을 결의하곤 한다. 그렇게 취합한 결론을 새로운 무기로 삼은 자들은 세상 외진 곳에 움츠린 간곤(艱困)한 자들을 멋대로들 재단하고 감히 토로하기까지 한다.

  그처럼 도심 곳곳에 웅크리고 있는 갖은 상찬의 수식어들을 떠올리자 그만 비릿한 웃음이 일어났다. 수많은 사람들을 제 마음대로 쥐락펴락할 수 있는 철옹성들에 점령당해 버린 뻔뻔한 외침들….

  갑자기 허물 벗어버린 도시의 껍데기들이 다 꼴 뵈기 싫어졌다.

  가로등 하나, 돌출간판 하나, 아니면 시커먼 아스팔트 귀퉁이에 낀 먼지 하나까지도….

  얼른 그곳에서 피해 버리고, 숨어 버리고 싶었지만 오갈 곳 없는 나를 완벽하게 숨겨줄 곳은 그 어디에도 보이질 않았다. 내가 그렇게 당황하여 절뚝거리며 허둥거리고 있을 무렵, 까만 정장을 차려입은 중년 남녀가 내 앞에서 종종걸음을 옮기고 있었다. 가죽가방을 오른손과 어깨에 멘 그들의 생기 넘치는 뒷모습에 갑자기 부아가 치밀어올랐다. 여유롭고 풍족해 뵈는 그들이 너무 부러웠던 걸까, 순간적으로 화를 곤두세우고만 내 자신을 발견하자 몹시 면구스러웠다.

  그들이 걸음을 멈춰선 곳은 그동안 단 한 번도 제대로 눈여겨본 적 없었던 하늘로 새카맣게 치솟은 고딕건물이었다.

(주 예수를 믿으라. 그리하면 너와 네 집이 구원을 얻으리라.)

까마득한 대리석벽을 세로로 질러 내려온 대형 현수막이 바람에 일렁거렸다.

"어서 오세요, 형제님."
고운 한복에 어깨띠까지 두른 여자가 지그시 내 등을 떠밀었다.
"뵌 적이 없으신 분 같으신데…."
"아, 예… 전… 아니 그런 게 아니고… 실은 저…."
"괜찮습니다. 첨엔 누구나 다 그렇습니다. 어려워하실 것 없으세요. 우린 모두 주님 품 안에 함께 있는 아들, 딸들이니 결국은 모두가 형제자매인 셈이지요."
난 그만 그렇게 커다란 통유리 문 안으로 떠밀리듯이 들어가고 말았다.

호사스러운 샹들리에. 그리고 한눈에 봐도 금방 알 수 있는 사방 벽면의 수입 대리석과 상상을 초월케 할 금액일 게 분명한 대형 파이프오르간. 또 드넓은 주차장에 줄지어 선 고급 승용차들과 몇 억씩 한다는 리무진 버스까지.
어안이 벙벙하였다.

손에 들린 일회용 컬러 주보와 생경한 성경책.

어색함을 털어내려고 뒤적거려 본 주보 뒷장에는 갖은 명목의 헌금자 이름이 깨알처럼 박혀 있었다. 하루 종일 들여다보느라 신물이 나버린 회사 금전출납부와 하나도 다를 게 없다는 생각이 퍼뜩 들었다.

아마도 많게는 몇천만 원을 호가할 것 같은 EV 음향 시스템을 통해 나오는 반주와 찬양은 장중하다 못해 호사스럽기까지 했다.

'물론 화려한 찬양, 멋지게 근엄한 목소리가 좋긴 좋겠지….'

하지만 육신과 함께 썩어버린 간역자(奸逆者)나 별반 다를 게 없는 사람들의 유창한 말솜씨가 외제 음향기기를 통해 나온들, 또 아니면 추악한 음모들과 죄얼(罪孼)들, 타락이 잔뜩 묻은 지하계단 붉은 조명 아래서 외제 손악기와 스피커를 통해 유행가만도 못한 유행가를 너구리처럼 불러제낀들, 악취가 나긴 마찬가질 것이다.

'그렇지만 적어도 내가 지금 와 앉은 이 넓고 높은 곳에선 절대 그렇잖겠지? 이렇게 성스럽고 안돈(安頓)해 뵈는 바로 이곳에서 흘러나오는 찬양과 말씀, 기도만큼은 절대 그렇지 않겠지?'

(이웃 사랑하기를 네 몸같이 하라.)

사랑.

사랑이라고 했다. 그것도 여러 번씩이나. 설교자는 마치 율례(律例)나 행습(行習)처럼 오로지 나누고 베푸는 사랑을 집중하여 절절히 강론하였다. 그러나 이미 아침부터 심사가 꼬여버린 내 눈에 비친 사랑은 한낱 말 잔치로만 보일 뿐이었다.

'과연 이웃을 내 몸같이 사랑할 수 있을까? 과연 하나님의 사람이 되면 원수까지도 사랑할 수 있을까?'

그러나 어쩐지 설교자는 이 땅에서 자신을 낮추기만 하고 짧은 일생을 살았다는 예수를 설교하면서도 유독 자신은 이미 너무 높아져 있는 것처럼 보였다.

나더러 우린 모두 같은 형제자매라고 했던 이들도 간절히 기도했다. 그러나 내 귀에는 그들의 기도가 자꾸만 엉뚱하게만 들렸다.

'오직 우리의 기도가 사랑을 실천하는 데 있도록 해달라기보다는 죽어선 천당 갈 수 있고, 살아선 부자가 되고, 내 아들딸만은 무조건 좋은 대학에 갈 수 있게 해달라'고 기도하는 것 같았다.

때론 소리소리 높여 통성으로 울부짖어가며….

물론 오지나 낙도, 흡사 동토나 다름없는 산간 비탈에 예배당을 세우고 겨우겨우 끼니를 때우며 채 십여 명도 안 되는 영혼들을 위해 '버릴수록 채워지는 길을 예수께서 보여주었다'고 확신하며 그 열악한 자리 한가운데로 자신을 내던져버린 그런 사역자도 있을 테지?

그런가 하면 수천, 수만의 성도들을 호사스런 교회당 안에 모여들게 하여 4부, 5부까지 나눠 장엄하고 풍족한 예배를 드리고 당일 들어온 헌금 집계에만 한나절을 소요하는 도심 속 부자교회도 있을 것이다. 그런가 하면 작은 교회, 가난한 목회자는 세상서 제일 가벼운 걱정거릴 뿐이라는 돈, 그 단돈 몇 푼에도 가슴이 찢기고 목이 멜 것이다.

오직 사랑을 실천하는 것만이 모두의 소명이 되어야 한다고 1시간에 걸쳐 울림을 일으켰던 이곳. 예수님의 교회조차도 자기들 스스로에 갇혀버린 극명한 모순이 존재할 수밖에 없는 것일까?

서울역 지하엔 지난 겨울 매서운 바람에 무방비로 노출될 수밖에 없었던 우리의 형제, 이웃들이 아직껏 그곳을 떠나지 못하고 지금 이 시간에도 웅크려 있다. 작게는 10만 명, 많게는 20여 만 명 아이들이 결식아동이라는 이름으로 주린 배를 움켜쥐고 신음하고 있는 게 21세기 대명천지, 오늘 대한민국의 현실이다.

그러함에도 이(利)에만 눈이 너무 밝아져 버린 세상은 애써 모른 척한다. 교회도, 사찰도, 성당도 생색이 많이 나는 곳으로 선교, 포교 목적을 앞세운 구제(舊制)와 제도(濟度)사업을 행하기 일쑤다.

길고 긴 굶주림으로 아사자가 넘쳐나는 북한 땅 주민들과 아프리카를 비롯한 지구촌 도처로 파송된 선교사들을 위해 십시일반 하자는 기도 제목들이 여기저기서 쏟아져나왔다. 한결같은 아멘, 아멘이 개구리 울음소리처럼 교회당에 울려 퍼졌다.

가장 낮은 사람으로 이 땅에 오셔서 죽임당할 죄인까지도 긍휼한 사랑으로 품으며, 스스로를 더 낮추며 가난하고 병든 자 섬기는 일로만 서른세 해를 살았다는 예수.

인간이 저지른 죄악으로 말미암아 그 죗값을 대신하느라 생살을 찢기고 뜯기면서 선혈 낭자하게 죽으신 살신성인 예수의 사랑을 울먹거리며 영탄조로 설교한 목회자는 우리도 예수처럼 죽기를 주저하지 말자고 했다.

자신도 예수처럼 무겁고 고통스러운 십자가를 기꺼이 따라 짊어지겠다며 입술로 외쳤던 수많은 사명자들. 그 많은 주의 종들은 과연 지금 어디에 있는 것일까? 예수께서 이 땅에 실천한 사랑을 위해서라면 기꺼이 순교도 할 수 있다며 신학교 정문을 나섰던 그 많은 주의 종들은 지금 어디에 있단 말인가?

구린내 진동하며 범람하는 세상 곳곳의 탁류 줄기에 비록 소수일지라도, 그들만이라도 청류가 되어 오염된 세상을 조금이나마 희석시켜 줄 수 있다면 얼마나 좋을까?

그런 것 같다. 매사에 무관심해져 버린 세상인심은 성직자이며 수행자, 수도자인 그들에게 혼탁한 세상의 진정한 청량제가 되어

주길 은근히 강요하는 것 같다. 마치 그들에게 약간의 책임이라도 있는 것처럼. 그러므로 그 소임을 해달라는 그런 요구가 있는 것처럼 보이는 건 아닐까?

히포크라테스 정신을 왜 잊어버렸냐며 이(利)에만 눈 밝아버린 의사를 원망하는 가난한 환자가 휴머니스트 의사를 갈망하는 것처럼….

'버릴수록 얻는 것'이라며 '받아들임과 자기 부인'을 끝없이 원하는 게 바깥사람들의 한결같은 욕심이었으면 좋을 것 같다.

끝없이 버리고 끝없이 받아들이는 것이야말로 자신을 다시 채우는 것일 것이다. 마치 우리의 세포가 신진대사라는 것을 통해 쉼 없이 버려지는 것과 같이….

그래야, 그렇게 버려져야 새로운 세포가 또다시 생겨나는 것처럼 말이다.

그러나 인간은 결국 자신의 버림을 주저하며 두려워한다.

어떤 노동자는 그들에게 "당신네들은 노동현장에서 몸을 부숴가며 일해 본 적이 있었냐?"고 따져 묻고, "나라와 백성을 위해 진정으로 고뇌의 밤을 새워본 적이 얼마였냐?"는 궤변을 늘어놓았을지도 모른다.

마치 육체 노동만이 최고의 가치인 양 피땀 쏟아본 적도 없었으면서, 언제나 공수래 같은 몸짓과 윤기 나는 입술로만 세상에 사랑을 쏟아내느냐고 뭇사람들은 그들을 향해 거칠게 따졌을지 모른다.

파이프오르간 반주자가 자세를 고쳐 앉았다. 그리고 눈짐작으로만 봐도 족히 백여 명은 넘을 것 같은 성가대원들이 자리에서 일어섰다. 예배당만큼이나 장중하고 아름다운 찬양이 넓은 공간을 가득 채워나갔다.

'이제 이 교회 문을 열고 세상 밖으로 나가면 도처마다엔 높임과 섬김 받는 것에만 익숙해진 눈 높은 근엄자(謹嚴者)들로 또 넘쳐나겠지? 그들을 높여주고 섬겨주는 일에 이력이 나버린 사람들은 제외하고라도, 이미 그런 것들에 지쳐버린, 낮고 부족하다는 이유로 억눌리고 짓밟힌 자들은 이제 어디로 가야 하나?'

목까지 차오른 까만 벨벳 바구니가 코앞에 왔을 때야 비로소 지갑이 없음을 알았다. 황망하게 허둥대며 옆 사람 눈치를 살피다가 얼떨결에 잡았던 헌금주머니를 얼른 뒤로 넘겼다. 옆 사람의 묘한 표정 때문인지 등줄기에선 식은땀이 돋았다.

'제발, 이곳에서만큼은 바깥세상과 달리 물질의 위력이 맥을 못 추게 빈도 없고, 부도 없었으면… 그리고 몸도 마음도 병들어 빈 핍하게 나온 사람이 있다면 너무 잘 입고 너무 잘 먹어 뵈는 사람

들의 윤기만큼은 못 보고 갔으면….'

어느새 때 이른 봄볕이 머리 꼭대기에까지 와 있었다. 1시간여 교회에 머문 사이 나른한 휴일 늦잠을 달게 자고 나온 사람들이 거리로 많이 쏟아져 나와 화사한 봄볕을 즐기고 있었다.

겨우 유아티를 벗어나 보이는 여자아이들 무리가 미어터질 듯 꽉 죄는 스키니 바지를 꿰입고 엉덩이를 마구 흔들며 지나간다. 제 몸집에 비해선 너무 높아 어색하기 그지없어 뵈는 구두 굽을 보도블록에다 요란하게 찍어댄다.

기껏해야 중학교 1~2학년 정도밖에 안 돼 보이는 네댓들 중에 제 머리색을 온전하게 둔 아이는 한 명도 없어 보였다. 아이들의 염색, 보편화되어 가는 사내아이들의 귀걸이. 그것도 모자라 코와 입술에 구멍을 내고, 눈두덩이 아래위까지 꿰뚫는 피어싱까지. 그리고 많은 아이들이 호기심 단계를 넘어 즐긴다는 흡연과 음주가 언제부터 우리 사회에서 그리 대수롭지 않은 걸로 수용하게 되었단 말인가?

특히, 여자아이들의 흡연과 음주. 장차 귀하디귀한, 소중하고도 소중한 생명, 제 자녀를 잉태하고 출산하게 될 아까운 몸 아닌가? 그런 금지옥엽 안에 그렇게나 유해한 유독물질을 폐부 깊숙한 데까지 흡입한다는 건 재앙을 예비하는 것 아닐까?

차가운 가위와 바리캉에 머리를 잘리고 밀리며, 암모니아 냄새

가득한 재래식 화장실에 숨어 피던 도둑 담배 때문에 1주일, 보름씩 정학, 무기정학을 당해야 했던 당시 학생들은 그런 처벌이나 혹독한 체벌쯤은 당연히 여기며 잘도 받아들였었다.

회초리 한 대만 맞아도 당장 교사를 경찰에 신고하는 학생은 물론, 촌지라며 해괴한 이름 갖다 붙인 돈 봉투나 구두 티켓을 은근히 넘보다 날름 받아 넣는 선생도 당시엔 없었다.

30여 년 전 여중생들의 앞가슴은 과연 어느 정도였나?

아마 모르긴 몰라도 겨우 흔적이 있을까 말까였을 것이다. 하지만 잠시 전 내 앞을 활보하며 지나간 여자아이들은 과다할 만큼의 고칼로리 음식을 섭취해 왔을 것이다. 어느 날부턴가 서구화되어 버린 풍족한 환경의 영향을 양껏 누림으로 말미암아 이젠 체형조차도 서구화되어 제 부모들 어릴 적 모습과는 전혀 오버랩이 되지 않아 행여 제 자녀들에 낯섦을 느끼고 있는 건 아닌지 모르겠다. 아이들은 지혜보다는 무한 경쟁에서 승리할 수 있는 지식의 머리만큼은 비대해진 게 사실이다.

30여 년 전 여자아이들의 빈약했던 가슴에 비하면 지금은 너무나 조기 성숙돼 있다. 그러함에도 불구하고 몸집만 잔뜩 커버린 오늘날 아이들은 가슴도 더 크게, 더 돋보이게 할 과욕 때문에 보형물까지 사용한다고들 한다.

권모와 술수에 익숙해진 어른들은 걸핏하면 눈속임을 하고 갖은 악행을 저지르며 썩었든, 곪았든 상관 않고 적당(敵黨)들처럼 돈을 끌어모으는 데 혈안이다. 그렇게 미친 듯이 긁어모은 돈이 쌓여갈수록 악취 진동하는 돈을 유혹하는 향락산업 또한 그들이 쌓은 돈 높이만큼 수위를 더해 간다.

정녕 위광(威光)이 초등(超等)한 진정으로 큰 부자는 이 땅에 존재치 않는단 말인가?

유약한 인간의 말초신경을 자극하여 끝내는 충동질까지 하고 마는 저급한 선정적 광고는 이제 거의 도색잡지 수준에 이르렀다. 허영에 달뜬 철부지들은 물론이고 늙수그레한 여자 연예인들까지 늘어진 뱃살과 겨드랑이 살은 그냥 내버려둔 채 거의 못쓰게 된 젖가슴만 찢고 뜯고 넣고 덮어 기어코 공갈 젖가슴을 만들어내고 만다. 그리곤 뻔뻔한 젖무덤이 훤히 들여다뵈는 드레스를 걸치고 축 처진 엉덩이를 마구 흔들어대며 모처럼만에 출연 기회 얻어낸 TV 화면 속에서 안쓰러운 교태를 부리며 얼쩡거린다.

흡사 광야 같아져 버린 세상 사람들은 젊고 늙음에 상관없이 감정에만 현혹되었을 뿐이지 냉철한 이성에 순응하는 것엔 누구든 게으름을 피운다. 사람들의 안중엔 이제 우리 같이, 우리 함께, 우리 모두, 같은 상부상조의 가치는 아예 없어진 것 같다. 아니 언젠가부터 자신들도 모르게 그런 걸 잃어버린 것 같다. 이제 대다수 사람들은 지독하리만큼 개인적 성공지향에 철저해져 버린 것 같다.

이제 공의(公義)는 이 사회에서 사라져버린 것 같다. 악의와 트집 그리고 혐원(嫌怨)만이 난무하는 어지러운 세상에 발 들여놓은 사람들은 이제 밤낮 가림도 없이 신접자(神接者)의 꾐에 빠진 것처럼 현란한 춤사위만 벌일 뿐이다.

그리 멀지 않은 시대, 마음 놓고 종아리 하나 내놓는 것도 쑥스러워 쭈뼛거렸던 어느 시대 여자들이 있었다. 그러나 얼마 안 있어 그녀들은 더위를 구실 삼아 민소매 밖으로 어깨를 드러냈다. 그랬던 그들이 불과 몇 해 전부터는 때가 잔뜩 낀 배꼽을 서로 내보이려 아우성치는 걸 우린 지금 눈뜨고 보고 있다.

집이나 직장에선 가부장적이고 폐쇄적이며 근엄하여, 그런 행태들을 바라보면서 모순의 극치라며 혀 차고 욕해대던 사람도 있었을 것이다. 배꼽을 넘고 올라와 이젠 아예 잔뜩 부풀린 공갈 젖무덤까지 드러내고자 기 쓰는 여자들의 저급한 몸부림은 과연 누굴 위한 것인가?

이렇게나 무분별하게 범람케 된 가치관들은 나날이 크든 작든 어떤 모양새로든 급속히 전도되어 간다.

인륜을 저버린 부도덕함도 문화훈장 하나쯤 받게 되면 감쪽같이 미화되어 묻혀버리는 즉흥의 시대를 우리가 살고 있다.

착검까지 된 총구 끝으로 우리의 이웃과 청년, 옆집 소년 소녀 가슴을 무자비하게 내리찍었던 미치광이 용사들의 만행에 대한

실체적 진실 규명 같은 건 이제 무용할 뿐이다. 그 도륙(屠戮)의 공로로 획득한 무공훈장을 가슴팍에 달고 마치 개선장군처럼 거들먹거렸던 자들을 우린 이미 잊어버렸다.

역사도, 우리도 결코 그들을 제대로 도말(塗抹)하거나 징치(懲治)하지 않았기에 그들의 자백이나 반성 기회 한 번 없이 그들의 만행은 한국 근현대사라는 너저분한 구덩이로 파묻혀 온데간데없어지고 말았다.

아내가 정기 구독하는 여성잡지가 이제 보름여 뒤면 배달돼 올 것이다. 또 얼마나 많은 도배광고가 그 두꺼운 책을 점령해 버렸을까? 본문의 60%? 아니면 70%, 그것도 아니면 80~90%?

책이라고 말하기조차 민망스런 장장을 넘길 때마다 벌거벗은 여자들의 얄궂은 몸짓을 그들은 섹시포즈라 둘러대며 천박한 억지 표정을 짓고 있을 게 뻔하다.

어디 그것뿐이겠는가? 눈두덩을 찢고 콧대를 뜯고 잘라 멋들어지게 오뚝 세워주겠다는 광고에다, 또 다음 장에는 작고 늘어진 젖가슴에 별별 것을 티 나지 않게 찢고 넣어 거대한 거짓 젖통을 진짜처럼 만들어 뭇 사내들이 침 흘리게 해주겠다지 않는가? 갸름한 턱선과 그럴듯한 입 모양을 위해서라면 위험천만을 감수하고라도 턱뼈 쪼개는 수술까지 감행하는 여성들 용기에 혀가 둘리곤 한다.

그것도 욕심에 부족하다고 느꼈음일까? 이젠 아예 질구도 좁게 만들고, 음순까지 성형하여 남성, 아니 남편들이 즐겨 찾도록 갖은 정성 다하는 여성들의 피나는 노력을 두고 자기희생이라 치켜세워 주면 될까? 그런 여성의 욕구를 충족해 주는 게 무슨 절대적 의무라도 되는 양, 사내들은 이곳저곳 다 기웃거리며 그놈의 정력에 효험만 있다고 알려지면 온갖 날짐승까지 잡아먹는 걸 주저치 않는다. 그것도 부족하다며 소문난 비뇨기과 수소문해 뻔질나게 그곳을 들락거리며 오로지 굵고 튼실하게만 만들어달라고 추태 부리는 남자들과 위 여성들은 어떤 점이 다른가?

그러면 다음 장에는 또 뭐가 있을까?

수백만 원하는 수입 냉장고, 이탈리아산 정장, 프랑스 일본 여자들이 애용한다는 귀족 화장품. 거기다 조악한 그래프를 만들어 군살집이라고는 한 점 없는 여자들까지 비만이라 꼬드겨 고액의 살 빼는 값을 호시탐탐 노리는 다이어트 광고꾼들….

또 어디 그뿐인가? 어느 누구든 천하명기, 옥녀로 만들어준다는 기괴한 여성용 성기구와 포르노 수위를 간신히 벗어난 천박한 제목의 DVD 판매광고까지….

과연 그 여성은 언제부턴가 자신에게 식상해 버린 것처럼 느껴지는 남편을 위해서만 젖가슴을 뻥튀기하고 질구까지 좁혔을까?

그렇다면 그 남성은 또 어떤가? 정력만큼은 자신 있는 멋진 남편이고 싶어 목구멍으로 넘기기조차 구역질 나는 걸 산 채로 잡아먹고 무조건 길고 크게 확대한 것과 조루의 강박에 목숨을 거는 것일까? 아니면 여성이든 남성이든 그냥 편리하게 '자기만족일 뿐'이라고 에둘러대고 말까?

에로물 배우들이나 입을 법한 기괴하고 외설스런 속옷을 굳이 입어야 하고 이 산 저 산 다 뒤져 잡은 걸 산 채로, 통째로 삼키는 것도 부족해 얄궂은 제재까지 바르고 뿌려야만 되는 건가?

그렇게 해서 밤마다 아내는 깜빡깜빡 넘어가고 남편은 오전 내내 다리가 후들거려야, 그래야 충만해지는 걸까?

비천한 상업주의에 편승하여 같이 널뛰고 날뛰는 섹스 공화국의 숱한 군상들 속 비류(沸流)들을 떠올릴라치면 쓴웃음이 난다.

"어서 오세요. 이쪽으로 앉으세요."

"…"

"이제 막 장사를 나오는 참인데, 첫 손님이 이렇게나 일찍 드시니 기분이 아주 좋습니다. 왠지 오늘은 대박이 날 것만 같습니다."

"아, 예… 그렇습니까? 정말 그랬으면 좋겠습니다. 근데, 사장님, 전 바로 뒷동에 사는데요. 그만 깜빡 잊어버리고 지갑을 안 들고 나왔거든요. 조금 있다가 마누라한테 전화해서 돈 가지고 나오라 할 테니 우선 소주부터 한 병 주시죠."

"예, 그러시죠 뭐. 저도 요즘 들어 한 번씩 깜빡깜빡할 때가 있습니다. 아무 신경 쓰지 마시고 편히 하세요. 그럼 혹시 핸드폰까지요?"

포장마차 주인이 주머니에서 핸드폰을 꺼내 불쑥 내밀었다.

"아뇨, 핸드폰은 들고 나왔습니다."

난 그렇게 엉뚱한 곳으로 엉터리 전화를 그럴듯하게 두어 번 누르고는 고개까지 갸웃거려 보았다.

"왜, 전화를 안 받지? 거 참 이상하네."

"…"

"사장님, 이왕이면 안주도 하나 만들어주세요."

주인 남자의 표정이 그리 마뜩잖아 보였다.

'설마 이깟 술값에 불안감을 느낀 건 아니겠지.'

"마누라가 아들놈 데리고 아침 일찍 사우나엘 갔는데… 이제 올 때가 됐는데… 거참 이상하네…."

사방이 노란 포장집 탁자 위에 소주병과 빨갛게 구워낸 물오징어가 처참하게 난도질당해 접시 위에 뉘어 있었다. 참으로 오랜만에 혼자 즐겨 보는 낮술이었다. 연거푸 목젖을 타고 내려가는 희석식 소주 줄기가 가슴을 아프게 후볐다.

뜨끔한 느낌을 가하며 가슴으로 흘러들어 간 맑고 찬 소주 몇 모금이 금방 훈훈한 평온을 만들어주었다. 그러나 그런 여상(如

常)함도 잠시뿐.

짧디짧은 순간, 냉기 어린 아내의 냉소적 눈꼬리가 순식간(瞬息間) 너머로 포장을 뚫고 들어왔다.

이윽고 힘없는 자들이 눈물로 공들여 쌓아올린 앙상한 블록과 남루한 무허가 천막들이 갑자기 눈앞에서 흔들렸다. 펄럭대는 포장 속 작은 술잔에 아내의 맵찬 얼굴이 담겨 기우뚱거리기 시작했다. 마치 불에 덴 듯, 마치 가시 끝에 찔리기라도 한 듯 황급히 소주잔을 넘겼다.

잠시 후 무허가 불법 천막은 철거되고 말았다. 그리고 바로 그 자리엔 철근 콘크리트로 단단하게 쌓아올린 번듯한 새 건물이 당당하게 섰다.

개기름 번들거리는 배불뚝이 건축주가 내 귀에다 대고 제법 큰 소리로 속삭였다.

"이 건물 말예요, 눈에는 이렇게 멀쩡해 뵈지만 사실은… 이것도 무허가라오."

무시무시한 철거단속반에 의해 시도 때도 없이 뜯겼다 복구되길 반복하던 천막 판잣집과 한 번 세워지면 절대 뜯길 염려 없는 컬러 방화유리에 휘감겨진 건물….

그리 길지 않은 오후 햇살이 어느새 고층 아파트 꼭지를 넘어가고 있었다.

버들개지 활짝 피웠다가 슬그머니 진자리로 가냘픈 줄기 흘러내린 수양버들 아래로 흐르는 고향 개울이 떠올려졌다. 그곳을 지날 때마다 동네 장정들의 땀 값으로 단단하게 놓은 돌다리를 그땐 왜 거들떠보지도 않고 구멍 난 제 양말부터 벗어 챙겼던 새카만 소년 시절이 그리워졌다. 발목 잠긴 여울을 찰박찰박 소리 내며 건넜던 까만 그 소년이 사무치게 보고 싶어졌다.

'그 길을 조금만 더 내려가면, 조막손으로 제 양어깨를 잡고, 제 양손을 잡고 저를 휘저어줄 소년이 나타나기만 기다렸을 작은 배. 호젓한 강나루의 임자 없는 나무조각배는 언제나 그 자리에 있었는데….'

오렌지빛 비닐 포장 바깥으로부터 틀림없는 준민이 소리가 들렸다.

"대체 네 아빠라는 사람은 하루 종일 어디 가 있는 거야? 전화라도 받아야 할 것 아냐! 이젠 정말 지겹다 지겨워."

이미 소주를 세 병째나 마신 탓에 일부러 아내의 전화를 받지 않았다. 그랬기 때문에도 포장 속에 더 꼭꼭 숨어야 했을 텐데 어쩐 일인지 오렌지색 포장을 활짝 열어젖히고는 오히려 큰소리로 아이를 불렀다.

"준민아! 일루 와봐. 여기야, 아빠가 맛있는 오뎅이랑 우동 사줄게."

"잘한다, 점점. 그 안에 들어앉아 궁상스럽게 지금 뭐 하고 있는 거야?"

목젖까지 차올랐던 팽만감을 긴 트림으로 토해 내었다. 아내와 아이는 있는 대로 얼굴을 찡그리며 뒤로 한 걸음씩 물러섰다.

"사장님, 수고하~세~요. 자~알 먹고 갑니다."

물 젖은 손을 바지 섶에 대충 문지르고 난 포장집 주인이 화들짝 쫓아 나왔다.

"선생님, 소줏값은 주고 가셔야지요?"

"아, 예 사장님. 드려야 하고 말고요. 제가 아까 말씀드렸잖아요. 이쁜 우리 마누라가 술값 가지고 올 거라 그랬잖아요."

아내가 표독스런 얼굴로 손지갑을 열어 셈을 치렀다.

어느새 짧은 초봄 해를 고층 아파트 꼭대기로 넘겨버린 도심엔 희뿌연 가로등이 하나씩 들어오고 있었다.

'채 어두워지기 전임에도 어김없이 켜지고 마는 키다리 가로등.

이미 날이 훤하게 밝아졌음에도 때맞춰 꺼질 줄 모르는 굼벵이 가로등….'

엘리베이터에서 내릴 때까지 단 한마디도 않던 아내가 현관을 들어서자마자 악다구니를 해대었다.

대학 시절 같은 동아리에서 만났던 아내는 시골 출신인 나더러 세상 때 묻지 않고, 세련되지도 않아 좋다고 했었다. 거기다 부끄럼까지 많아 가끔씩 말을 더듬는 것조차도 좋다고 했던 아내였다. 그랬던 아내는 언젠가부터 내게 촌티를 못 벗어난다며 불평불만을 터트리기 시작했다.

절친한 친구 같았던 아내가 이제 와서 나더러 배경 없고, 안목 낮고, 견문조차 없는 지지리 못난 사내라고 물고 뜯듯 사람을 몰아쳤다. 언젠가부터 매캐한 최루가스 냄새가 사라져버린 도서관 앞 벤치에 붙어 앉아 내가 내뿜던 값싼 담배 연기냄새조차도 그렇게 좋을 수 없다고 했던 아내였다. 그랬던 아내가 어느 날부턴가 자기는 그 담배 연기가 죽을 만큼 싫다며 베란다로 나를 내쫓았다.

술 힘을 빌리지 않고는 아내 곁에 갈 기력조차 없도록 세상은 날마다 날 지치게 만들었지만 어쩌다 취중 핑계 구실을 만들어 아내 품을 찾을라치면 아내는 내가 무슨 몹쓸 병이라도 가진 사람인 양 모욕을 주곤 했다.

'간신히 밥줄만 붙어 있게 해달라며 회사와 상사에 심복처럼 과잉 충성해 왔을 뿐인 내가 오늘 뭘 그리도 잘못했단 말인가? 아침 밥상에서부터 시작된 김치 타령. 그리고 오랜만의 낮술… 그래 그게 그렇게도 큰 잘못이었나?'

아내의 히스테리는 쉽사리 멈춰지지 않았다. 잠시의 쉼도 없게 쏟아지는 아내의 악다구니 앞에 난 속수무책이었다.

어느 날인가부터 내 삶, 내 인생 전부는 아내의 절대적 영향력 아래 놓이게 되어버렸다. 한걸음이라도 바짝 다가가 깊어진 갈등의 고리를 풀어보려 마음먹어봤지만 곧 마음을 접을 수밖에 없었다.

아내를 설득할 자신도, 감동이나 감화시킬 만한 능력이 내게 없음을 너무 잘 알고 있었기 때문에….

모든 게 역부족이었다. 나의 한계를 내 자신이 너무 잘 알고 있었기 때문이다. 이미 나는 아내의 남편이라기보다는, 아내의 불구대천의 원수가 되어 있었다. 아무리 생각해 보았지만 나의 몫, 내 도리를 팽개친 일탈의 과오를 찾아낼 순 없었다. 그래서 난 그게 너무 억울했다.

'내일이 월요일만 아니었더라도… 단 하루만이라도 내게 다시 휴무가 더 주어진다면? 그렇게 될 수만 있다면, 며칠 전부터, 어제 퇴근 전까지 계획했던 대로 준민이 손을 잡고 놀이공원엘 갔을 텐데…. 맛있는 피자와 스파게티에 수제 아이스크림까지… 그리고 서울 땅 한복판에 우뚝 선 백화점 2층 매장에서 까탈스런 아내에게 제일 잘 어울릴 꽃무늬 봄 원피스를 사줄 생각이었는데….'

사방이 염곡(鹽谷)이나 다름없었던 안방 문을 거칠게 닫고 나온 아내의 손에 가방 하나가 들려 있었다. 그리고는 돌려세운 준민이 등에다 책가방을 메였다.

"당분간 엄마 집에 가 있을 거니까 찾아올 생각 같은 건 아예 꿈도 꾸지 말고 어디 혼자서 한 번 멋대로 살아봐! 맘 놓고 술 퍼 마시며 맘껏 흐느적거려 봐. 셔츠마다 파운데이션을 잔뜩 묻혀 오건 말건 이젠 아무 상관 없으니 어디 실컷 해봐 봐!"

'그래, 그러면 그렇지. 결코 내일이 휴일이 될 순 절대 없는 거야.'
"…"
'아마 내일이 휴무였어도 난 또다시 출근하고 말았을 거야.'
"…"
'내가 잔뜩 품고 있는 불평, 불만 때문에라도 게으른 문짝 돌쩌귀 같은 세상은 나를 위해 또 다른 휴일은 절대 주지 않을 거야. 그래, 그럴 거야. 분명히 그럴 거야….'

− 끝 −

남자 편(便) 들어주기 위한
에필로그

또 한 권의 책을 쓰고 말았다.

어느새 여섯 번째 소설이 되고 만 것이다. 늦은 나이에 등단한 작가로선 결코 짧지 않았던 무명의 20년 세월.

그 세월이 너무 아파, 너무 외로워, 슬펐던 이곳저곳에 내 야윈 어깨를 기대고 가끔은 울기도, 또 어떤 날은 마지못해 웃기도 했던 것 같다. 그 세월을 겪어오느라 작가는 마음 깊숙한 곳에 도사리고 있던 사랑을 죽이고 용서마저 죽이는 우(愚)를 범하며 근근이 살아온 것 같다. 나날이 부풀려져 가던 자기 분노의 기저(基底)에는 언제나 공정이라는 문제가 내 앞에 눈 부라리며 서 있었다. 그래서였을까, 난 언제나 독자들 앞에 서는 걸 두려워했다.

꽤 길게 살아온 세월 탓에 또 이렇게 한 차례씩 한 차례씩 더 늙어가는 건 어쩔 수 없지만, 그렇지만 나에게도 못 견디게 아름다웠던 시절이 있었다.

그래서일까? 난 지금 그 그리움이 한꺼번에 몰려올까 봐 잔뜩 겁을 먹고 있는지 모른다.

첫사랑….

흔히들 첫사랑은 너무 가슴 아리도록, 너무나 슬프게 아름다웠기에 오래간다고 하더라.

사람에 있어서 잊혀지는 것보다 더 두려운 게 없다 하던데….

하마터면 잊혀질 뻔했던 그 세월 속에 틀어박혔던 나를 찾아 새벽 단잠을 깨고, 새벽 첫차를 타고 먼지 뿌옇게 흩날렸던 신작로를 오랜만에 찾아 나서기로 작정한다.

조부께선 꽤 부농이셨다. 그리고 일제가 강점한 땅에 일제, 바로 그들이 세운 사범학교를 졸업한 아버지는 일찌감치 교원이 되었다.

경상도 안동 하고도 하회마을이 고향인 서애 류성룡의 16대 주손(胄孫).

일곱에 조기 입학한 주손은 집안일을 도맡아 했던 소작농의 장남, 석호 형 등에 늘 업혀 등하교를 했다. 책상도 의자도 없는 맨 마룻바닥 수업이 끝날쯤이면 빛바랜 재건복 차림의 선생님께선 칠 벗겨진 양은 양푼에 옥수수죽을 담아 나눠주었다. 집에서라면 입에도 대지 않았을 음식이었지만 마치 옥수수죽이 꿀맛인 양, 눈 깜빡할 사이 그릇을 비워버리는 친구를 덩달아 소년도 노란 죽을 달게 먹었다.

 오전 수업이 끝날 때까지 석호 형은 수양버들 늘어진 운동장 귀퉁이 우물가에 앉아 땅바닥 낙서질로 무료한 시간을 달랬다. 그러다 저만치서 소년이 보일라치면 무명 바지 뒤판을 툭툭 털고는 널찍한 등짝을 내밀었다.

 무명 바지저고리, 옥양목 치마저고리 입은 대다수 소년 소녀는 땅따먹기, 제기차기, 자치기, 말타기, 고무줄 공기놀이, 딱지치기, 팽이 돌리기로 날 저무는 걸 잊어버리기 일쑤였다. 그럴 때면 돌담 삽짝문 옆에 숨어 집안 동태를 살피다 들키기라도 하는 날이면 비녀머리 머릿수건으로 질끈 묶은 어미들이 퍼붓는 땡고함에 부지깽이 세례까지도 달게 받아내야 했던 새까만 소년 소녀들.

 겨우 열 살 남짓 넘겼을 뿐인 마른버짐 핀 소년들은 제 몸피의 몇 갑절도 넘는 일소를 몰고 들판으로 나갔다. 땡볕을 피해 멱 감는 것도 잠시일 뿐, 소년들은 해지기 전까지 제 몸뚱이가 보이지 않을 만큼의 쇠꼴 짐을 높게 지고 엉성한 삽짝을 들어섰다.

 이미 젊어부터 논밭일에 골병들어 등까지 휘어버린 아비 어미들의 쇠잔한 몸. 그런 남루한 몸을 두 다리에 얹어 절뚝거리며 들판 나간 어미 아비 몫 대신해야 했던 소년 소녀들. 겨우내 손등 터졌던 그 손으로 쇠죽을 끓이고, 작디작은 꼬막손으로 보리쌀 잔뜩 안친 가마솥에 불 지펴 저녁밥 짓던 깡마른 소녀들.

 소년은 가끔씩 집에 있던 원기소 한 움큼을 주머니에 몰래 넣고 하얀 캡을 쓴 간호사 그림이 뚜껑에 있던 안티푸라민 통을 밖으로 들고 나갔다. 마을 앞 덤 밑에서 같이 멱을 감고, 고구마, 콩서리를 함께했던 또래들 입에 원기소 한두 알을 넣어주고 갈라진 손등에 안티푸라민을 발라줬던 것 같다.

 열한 살 되던 해, 밤마다 그을음을 피워 콧구멍을 새까맣게 만들던 등잔 호롱불을 벗어나 생경한 백열전등 눈부심 아래서 산수책을 들여다보았던 소년.
 그렇게 몇 해 뒤, 두덩과 인중(人中)에 까칠한 털 몇 가닥이 겨우 돋을 무렵 소년에겐 검정 얼룩무늬 교련복에 탄띠, 각반까지. 그리고 작은 손엔 묵직한 목총이 들려졌다. 현역보다 군인 티를 더 많이 내던 예비역 중위, 대위 출신 교련 교사는 공포의 대상이었다. 이미 중·고등학교 입시의 치열함을 겪었음에도 불구하고 또다시 맞닥뜨리게 될 수밖에 없었던 지독한 대학입시 압박감과 거기에 군사훈련까지. 그렇게나 시달렸던 고등학교를 졸업하기 무섭게 집으로 통보왔던 민방위 훈련 2년. 징집을 위해 스물한 살에 받았던 군의관 멋대로식 징병검사. 그리고 이듬해엔 군 입대 영장.

8.18 미루나무 도끼만행 사건, 10.26, 12.12 사건에 이어 5.18 까지. 그렇게 노심초사로 보내야 했던 군복무 33개월을 오히려 감사함으로까지 받아들여야 했던 대한민국 50년대 생 남자. 만기 제대 후 그렇게 집으로 돌아온 남자는 10년간을 향토예비군으로, 민방위 대원으로 또 10년. 도합 28년 병영 공화국 도정(道程)의 길을 걸었다.

논 팔고, 소 팔아 대학 등록금 내었음에도 허구한 날 독재 타도, 민주 쟁취, 자유 획득만이 절체절명의 살길인 양 땡고함 지르다 걸핏하면 닭장 차에 목이 비틀린 채 실려 유치장 들락거린 건, 또 다른 목표를 쫓는 학생들 눈엔 정말 배불러 터진 몽니, 사치로 보였을 뿐이다. 대한극장, 피카디리, 국도극장 안락의자에 기대 앉아 '별들의 고향', '영자의 전성시대'라는 호스티스 영화에 푹 빠졌던 그들은 전혀 다른 청춘들일 뿐이었다.

또 다른 부류의 소년들은 열대여섯 나이가 차게 되면 죽을힘을 써야 간신히 살아남을 수 있는 건설, 용접, 금형, 봉제, 주물 생산 현장으로 갔다. 그 또래 소녀들은 손가락 지문이 닳아지도록 원단에 마른침을 발라가며 15~16시간씩 반짝이 나일론 가루 마셔가며 재봉틀을 돌려야 했다. 또 다른 소녀들은 어느 동네 이름 모를 절박한 여인네가 비녀 풀고 머리 잘라 돈으로 바꿔온 인모(人毛)를 빗고, 꿰고, 붙여, 가발이라는 수출 효자를 만들어내기 바빴다.

통금에 임박해서야 겨우 막차에서 내린 여차장을 불러세운 고약한 버스회사 총무는 18시간 중노동으로 파김치 된 처녀들에게 삥땅 조사한다는 핑계로 알몸까지 더듬는 추행을 범했지만 당시 사회는 이런 것쯤엔 태연했다.

그 당시나 별반 다르지 않은 오늘날은 어떠한가? 극도로 혼잡스러운 출퇴근길, 어쩔 수 없이 옆 여성에 부딪히기라도 하면 남성도 동일하게 느낄 수 있는 불쾌감은 무시되고 만다. 그런 반면, 만약 여성이 불쾌감을 조금이라도 느꼈다면 무조건 성추행으로 내몰려 봉변당하기 십상인 작금의 불공정에도 사회는 여전히 태연하다.

어느 날부턴가 온통 여성 위주로 세상을 재편시키는 게 마치 시대적 요구인 양, 절대적 당위인 양, 이 사회는 남성들을 내몰아붙이고 있다. 이건 여성 상위를 왜곡시킨 여성 우월, 여성 우선, 여성 오만, 여성의 안하무인화의 부추김일 뿐이다.

이미 오래전 이 땅에서 종말을 고해 버리고만 '남존여비'를 밟고 새롭게 벌떡 일어선 '여존남비' 창궐의 깃발을 흔들며 남성들을 변방으로 내쫓고 있는 건 아닐까? 물론 작가의 이런 생각이 궤변으로, 시대역행적 사고로, 편협한 작가로 내비쳐 험악한 삿대질을 당할 수 있다는 것도 예상해 본다. 하지만 이런저런 이유로 분통 터트리게 될 여성들 옆엔 그들이 아끼고, 한없이 사랑하는 남다른 남성, 남편이 있다. 아니면 장차 남성이 될 수밖에 없는 예비 남성 아들들이 있다.

우리는 날마다 눈으로, 몸으로 절감하는 게 있다. 자신이 목숨처럼 지켜내었던 그 가정에서 언젠가부터 내몰림 당하고 있는 남편들. 그리고 남성들에 가해지고 있는 시대의 야박한 홀대가 이 두 편의 소설에 가득하다. 물론 수백 년 동안에 걸쳐 누려왔던 남성들의 우월적 지위, 아니 여성을 핍박하며 비인간적 고통을 안겨줬던 야만적 세월이 있었던 것에 대한 인정은 물론 거기에 상응하는 반성은 분명 있어야 할 것이다. 그래서일까? 오랜 세월 부당한 대접을 받고 살았다는 억울함이 여기저기서 표출되는 작금, 한평생 억눌림만 당했다 생각하게 된 할머니들의 반란이 곳곳에서 일어나고 있다. 바로 황혼 이혼이다. 무슨 연유인진 모르겠으나 갑자기 기세등등해진 할머니들께서 할아버지 몰아내기를 시작한 것이다.

(그래서일까? 어깨 축 처진 바깥 노인들로 넘치는 탑골공원에 안 노인들은 보이지 않는다.)

* * *

"애들 다 컸으니…" 도장 찍자는 황혼의 아내들.

황혼 이혼 증가의 가장 큰 이유로 전문가들은 여성의 사회적 지위가 향상되고 기대 수명이 길어지면서 아내들이 더 이상 참지 않는다는 점을 들었다.

20년 차 이상 부부 파경, 작년 첫 신혼 이혼 앞질러

김진옥 서울가정법원 공보관은 "재판업무를 하다 보면 '자식들을 다 키워놓고 이제는 나도 인간답게 살고 싶다'는 아내가 많다"며, "과거 가부장적 관습을 더 이상 받아들이지 않는 사회 분위기도 영향을 미쳤을 것"이라고 설명했다.

— 2013년 10월 21일 중앙일보 박민제 기자의 기사에서

* * *

긴긴 세월 누림으로만 산 것처럼 고착되어 버린 남성 특권적 군림의 역사와는 전혀 다른 시대를 살고 있다고, 그 점에 대해선 충분히 반성했다고, 그러니 좀 봐달라고, 우리의 원죄에 비해 응징이 너무 가혹하다며, 그래서 억울하다고 항변하는 남성들이 존재한다는 걸 오늘의 여성들께서 헤아려줬으면 좋겠다.

* * *

작가의 고향인 안동, '안동대학교 박물관'에 보관된 조선중기의 애달픈 한글 편지를 소개한다.

〈이응태 부인이 남편에게 쓴 편지〉

원이 아버지께 올리는 편지.

당신이 늘 나에게 말하길 머리가 세도록 살다가 함께 죽자 하시더니, 어찌하여 나를 두고 당신 먼저 가셨나요? 나와 자식은 누구의 말을 듣고 어찌 살라고 다 버리고 당신 먼저 가셨나요? 당신은 날 향한 마음을 어떻게 가졌으며 나는 당신 향한 마음 어떻게 가졌던가요?

나는 당신에게 말하기를, 한 데 누워서, "여보, 남도 우리같이 서로 어여삐 여겨 사랑할까요? 남들도 우리 같을까요?" 당신에게 말하였더니, 어찌 그런 일을 생각지 않고 나를 버리고 먼저 가셨나요? 당신을 여의고는 아무래도 살 수 없어 당신에게 가려 하니 빨리 나를 데려가세요. 당신 향한 마음은 이승에서 잊을 수 없으며, 아무래도 서러운 뜻은 끝이 없으니 이내 마음은 어디에다 두고 자식 데리고 당신을 그리워하며 어찌 살 수 있을까요?

이내 편지 보시고 내 꿈에 자세히 와서 말해 주세요. 꿈속에서 이 편지 보신 말 자세히 듣고 싶어 이렇게 편지를 써서 넣습니다. 자세히 보시고 내게 일러주세요.

당신, 내가 밴 자식 나거든 보고 살 일 걱정하고 그리 가시되, 그 밴 자식 나거든 누구를 아버지라 부르게 하나요? 아무래도 내 마음 같을까요? 이런 천지가 온통 아득한 일이 하늘 아래 또 있을까요? 당신은 한갓 그곳에 가 있을 뿐이니 아무래도 내 마음같이 서러울까요? 한도 없고 끝도 없어 다 못 쓰고 대강만 적습니다. 이 편지를 자세히 보시고 제 꿈에 와서 보이고 자세히 말해 주세요. 저는 꿈에서 당신 볼 것을 믿고 있습니다. 한꺼번에 와서 보여주세요. 사연이 너무 한이 없어 이만 적습니다.

– 병술 유월 초하룻날 집에서 아내가

이 편지는 1998년 4월 24일 경북 안동시 정상동의 택지 조성을 위해 분묘 이장 작업을 하던 중 고성 이씨 족보에도 '묘 미상'으로 기록되어 있던 이응태의 묘에서 발견된 것이다.

(중략)

미라 상태로 발견된 시신도 화제였지만 더욱 세인의 주목을 끈 것은 시신의 가슴 부분을 덮고 있던 한글 편지였다. 그 편지는 아내가 죽은 남편에게 쓴 애절한 사랑의 편지였다.

병석에 누워 있던 남편이 서른한 살의 젊은 나이로 죽자 아내는 하늘이 무너지는 듯한 슬픔 속에 눈물을 머금고 한 자 한 자 써 내려갔다. 남편을 먼저 보내는 아내의 안타깝고 애틋한 사랑 표현이 고스란히 그려져 있는 이 편지는 400여 년이 지난 지금에 와서도 현대인의 눈시울을 뜨겁게 한다.

(중략)

이 편지는 '병술년 유월 초하룻날'에 쓴 것으로 남편이 죽고 입관하기 전에 먼 길을 떠나는 남편에게 쓴 아내의 마지막 편지다. 조선 후기의 고성 이씨 족보에 나타난 이응태의 생몰 연대(1555년~1586)를 참조할 때 병술년은 1586년으로 추정된다.

(중략)

(도서출판 성심, 『안동 양반의 그 겉과 속』, 138~139쪽)

* * *

〈학봉 김성일이 부인에게 보내는 편지〉

요사이 추위에 모두들 어찌 계시는지 심히 걱정되오. 나는 산음 고을에 와서 몸은 무사히 있지만, 봄이 닥치면 도적들이 다시 날뛸 것이니 어찌해야 할지 모르겠소. 또 지간에 있던 옷은 다 여기에 왔으니 추워하고 있는지 걱정하지 마시오. 장모님 모시고 과세를 잘하시오. 자식들에게는 편지를 따로 쓰지 못하오. 잘 있으라 하오.

감사라 하여도 음식을 가까스로 먹고 다니니 아무것도 보내지 못하오. 살아서 서로 다시 보련 기약을 할까마는 언제라고 기한을 정하지 못하겠소. 그리워하지 말고 편안히 계시오. 끝이 없어 이만.

- 섣달 스무 나흗날(수결)

이 편지는 선조 25년(1592년) 12월 24일 학봉 김성일이 경상우도 감사로 경상도 산음현(지금의 경남 산청)에 있을 때 안동 본가에 있는 부인 안동 권씨에게 보낸 한글 편지이다.

(도서출판 성심, 『안동 양반 그 겉과 속』, 140~141쪽)

조선사회 남녀 관계를 대변하는 '남녀 차별, 남존여비'의 관념은 적어도 17세기 이후 성리학의 지배 이념이 확고하게 성립되면서 등장한 것으로 보인다. 유교적 가치관의 남녀관이 정립되지 않았던 조선 전기에는 여성의 사회적, 경제적 지위가 남성과 큰 차이가 없었으며 재산이나 상속도 남녀의 차별 없이 균등하게 이루어졌다. 또 한 조상에 대한 제사도 형제간에 돌아가면서 지내는 윤회 봉사가 보편적이었으며, 아들이 없어도 딸이나 사위, 외손이 제사를 지낼 수 있었기에 대를 잇기 위해 양자를 들일 필요도 없었다. 남녀 간의 결혼 역시 개인의 만남이 아니라 집안 간의 결합이므로 각자의 가문을 존중하여 여성이 부당한 대우를 받았다고 보기 어려울 뿐 아니라 오히려 여성 입장이 더 유리하였다.

(도서출판 성심, 『안동 양반 그 겉과 속』, 148쪽)

조선중기 이래 한글 편지를 통해 부부간의 높임법은 어느 정도 대등한 관계였음을 보여준다. '이응태 부인의 편지'에서 아내는 남편에게 '뵈쇼셔(보여주십시오)'를 사용하여 남편을 좀 더 상위자로 대하는 경향이 있기도 하다. 그러나 대부분은 '학봉 편지'에서 보는 바와 같이 남편은 아내에게 동등한 성인 간에 사용하는 '하오체'로 존중하였는데, 예를 들면 '하소(하오)', '못하네(못하오)'로 표현하였다.

일반적으로 조선시대는 가부장적 사회이기 때문에 아내는 남편보다 하위자로 대우되었으리라 생각하지만 한글 편지를 통해 이와는 달랐음을 알 수 있다. '학봉 편지'에서 남편이 아내를 완전히 하위자로 대우하지 않았으며, 아내가 남편에게 보내는 '이응태 부인 편지'와 거의 대등한 높임을 사용하였다. 이 두 편지에 나타난 부부간 상호 높임법은 안동지역에 국한되지 않고 지역이나 시대에 상관없이 조선중기 이후 사대부가의 부부간에 사용된 보편적인 언어생활을 반영하고 있다.

(도서출판 성심, 『안동 양반 그 겉과 속』, 149~150쪽)

* * *

열여덟, 아홉 무렵.

소년은 당인리에서 신촌, 광교를 거쳐 우이동까지 운행하는 7

번 시내버스를 타고 등하교를 했다. 배차시간 간격이 지금보다 몇 배는 더 길었던 등굣길은 그야말로 콩나물시루 같았다. 만원 버스 속은 날마다 아비규환. 거의 생지옥 수준이었다. 정류장에 늘어선 사람 숫자가 아무리 많았더라도 당시 차장(車掌), 안내양 은 그 사람들을 기어코 다 태우고 마는 신통력이 있었다. 웬만한 위험쯤은 무릅쓰더라도 일단 고무줄 버스 속에 사람을 밀어넣기 만 하면 그만이었다. 그다음부턴 운전기사가 알아서 급브레이크 몇 번으로 버스를 요동치게 만들고 나면 금방 또 넉넉한 공간이 생기곤 했다.

남들처럼 꼭 한 번은 잘살아봐야겠다는 욕심만큼이나 억척스 러웠던 안내양 손바닥에 몸통을 두들겨 맞은 버스는 '오라이' 악 다구니를 듣자마자 시커먼 매연을 토하며 아현동 고개를 숨차게 넘어갔다. 버스 난간에 겨우겨우 매달린 안내양이 큼직한 엉덩이 와 앞가슴으로 학생들을 짓눌러대기만 하면 안 될 게 없었다.

열 서넛부터 많게는 열아홉 살짜리 소년들 허벅지와 가슴팍에 다 엉덩이와 젖가슴을 들이대며 사정없이 밀어붙였던 억척 누나 들.

지금, 오늘의 여성 우월적 잣대로 판단하여 정죄한다면 그것도 소년들에 대한 성추행이 분명하다. 그랬지만 누가 그녀들에게 그 건 성추행을 범한 것이라고 말할 수 있었겠나?

특히 복잡한 전철로 출퇴근하는 요즘 공무원들은 여성 전용 칸조차 없는 전철에서 자신을 지켜내기 위한 방편으로 아예 여성 승객 근방엔 절대 안 간다는 철칙이 있더라. 혹시라도 나쁜 마음 먹은 여성이 자기 주관적 판단을 한 나머지 만원 전철 속에서 어쩔 수 없이 불편을 줄 수밖에 없었던 남성으로 인해 다소의 불쾌감을 느꼈다는 자의적 판단을 하게 되면 그게 곧 성추행이 되고 마는 것 아닌가? 이렇듯 사회는 점차, 아니 너무 지나칠 정도로 여성 위주의, 여성 우선, 여성 과잉 우대 세상으로 급속히 변해 가는 것 같다.

꽤 오랜 세월을 거치는 동안 우리 사회에 남성 우월주의, 남성 월권 시대가 있었던 건 사실이다. 그런 몹쓸 사상으로 인해 수많은 여성들이 피해와 고통. 거기다 숱한 인격 침해까지 당해 왔던 사실만큼은 남성들이 인정하고 또 반성해야 한다.

오늘 같은 대명천지, 21세기에도 그런 나쁜 악습의 잔재가 일부 가정과 이 사회에 여전히 남아 있다는 걸 작가도 인정한다. 하지만 그런 구습은 이제 그 수명이 다된 게 확실해 보인다. 간이 배 밖으로 나온 남성일지라도 이렇게나 달라져 버린 현실을 찍소리 없이 인정하고 따를 수밖에 없게 된 게 오늘날 남성들이 처한 형편이다. 생각해 보면 그렇게 살아온 지난 세월이 너무 억울하다 싶어 마치 기다렸다는 듯이, 복수하듯 여성 우월, 여성 위주 권리를 과하게 요구하거나 그걸 용인해 주는 것은? 글쎄다.

여성 과잉 대우현상. 그리고 여성 극진 대우로 인해 생겨날지 모르는 또 다른 후유증은 결국 여성 자신들이 애지중지하며 키워온 아들의 몫으로 돌아갈 수도 있을 것이다. 그 아들이 청년으로 장성한 뒤 한 가정의 남편이 되고, 이 사회를 역동적으로 움직일 당당한 남성으로 중추에 자리 잡았을 망정 그보다 훨씬 더 기세등등해져 버린 상대 여성, 아내라는 이름의 위세에 눌림받게 된다면?

한 남자의 아내이자 금이야, 옥이야 키워낸 아들의 어머니 된 여성들은 어떤 입장에 놓이게 될까?

한때 집안에만 갇혀 사느라 바깥세상을 너무 몰랐던 주부를 꾀어 멀쩡한 가정을 파탄시켰던 '제비족 남성'이 사회를 어지럽힌 적이 있었다. 그러나 지금은 세상 물정에 너무 어두워 당했다고 핑계 대는 어리석은 남성을 등치는 '여성 꽃뱀족'이 있다.

어디 그것뿐인가? 한동안 남성들의 전유물이다시피 했던 퇴폐의 온상 '룸살롱'을 그대로 베낀 '호스트바'가 도심 한복판에서 성업 중이다.

거액의 보험금을 노린 남편, 아내들이 살인도 서슴지 않는 사회에 지금 우리가 살고 있다. 좌변기 주위로 소변이 튀어 묻는단 이유로 이젠 남편에게 앉아 소변을 보라고 요구하는 아내가 늘어간다는 말도 들린다.

요즘 들어 가끔은 이런 생각이 들기도 한다. 마치 불구대천의 원수나 된 것처럼 걸핏하면 사납게 다투는 남녀 간 싸움조차도 이젠 살벌하게 사생결단식으로 하고 있는 건 아닐까?

그렇지만, 아무리 그렇더라도, 서로에게 참소(讒訴)하는 혀끝으로 무자비하게 상처 입히면서 막장까지 치닫더라도 이쯤에선 잠시의 자제, 숨 고름을 할 수 있었으면 좋겠다.

조화, 그렇다. 조화가 절실히 필요한 것 같다.

남녀의 새로운 관계 설정이 필요한 것 같다. 평소 뻣뻣하기만 했던 남편으로부터 뜻밖의 설거지 선심을 받고는 갑자기 달라진 것 같은 자신의 위상에 쾌재를 부를 뻔했다면, 그래서 단순히 전업주부인 줄로만 알고 살아왔던 자신의 위치 급상승을 실감했다면? 그랬다면?

자신이 아닌 또 다른 여성일 수밖에 없는 예비 며느리의 위세가 하늘을 찔러 자신의 금지옥엽 아들의 기를 꺾어버린다면, 그걸 순순히 용납할 어머니는 그리 많지 않을 것이다. 이 사회가 자칫 여성의 지위, 신분의 상승만을 부추기다간 또 다른, 예상치 못했던 부작용이 생길지 모른다는 우려가 드는 건 내가 남성이기 때문만일까?

만약 여성에게만 자꾸 관대해져 매사 무죄 여지가 커지게 되고, 남성은 남자라는 그 이유 하나 때문에 유죄 여지가 높아지는 불공평이 자꾸 일어난다면?

 복잡한 지하철을 무대 삼아 다소 여유 있어 뵈는 남성 곁을 의도적으로 묘하게 밀착한 뒤, 그 남성이 충동적 본능이라는 덫에 걸려들기라도 하여 그 여성이 곧바로 소리 질러 꼼짝없는 성추행범을 만들어버린다면 어쩔 것인가? 눈치 빤한 여성이 지하철 수사대의 성추행범 검거 한 건 실적에 적극 동조, 협조해 주기만 해도?
 소위 자칭 피해자라는 여성을 위한답시고 형사로부터 부추김까지 받은 아주 못된 여성이 그 남성을 고소하게 되면 최소한 합의금 수백만 원은 쉽게 챙길 수 있는 게 공공연한 사실이다. 그걸 노리는 신종 여성 범죄자들의 교묘한 덫에 덥석덥석 걸려드는 억울한 남성이 부지기수(실제, 피해 본 사람들의 억울한 하소연이 존재하는 게 사실이다)라면 실적에만 급급해 값싼 공명심을 무자비하게 불태운 지하철수사대 공권력은 피해 남성들에게 과연 어떤 답을 줄 것인지 기다려봐야 한다.

(실제 피해를 당한 여러 사람들의 사례는 인터넷 검색을 통해 쉽게 확인할 수 있다.)

* * *

**억울하게 지하철 성추행범으로 몰린 내 남편 ㅠ.ㅠ
도와주세요.**

(11월 30일, 제가 올렸던 억울한 사연입니다. 내용이 많이 길어 힘드시겠지만 꼭 읽어봐 주시고 도움 부탁드려 봅니다. 아래 글은 남편이 직접 올린 글입니다.)

저는 부인과 두 아이를 둔 40살의 가장이며 회사원입니다. 2011년 11월 30일 8시 10분경 출근하기 위해 역곡에서 용산행 급행전철을 탔습니다. 그날은 비가 오는 날이어서 축축이 젖은 접이식 우산을 대충 접어 손잡이만 길게 뺀 채 왼손에 쥐고 배낭식 가방을 오른쪽 어깨에 걸치고 오른손엔 휴대폰을 쥐고 만원 전철에 떠밀리듯 올라탔습니다. 추운 날이라 승차 직후엔 안경에 김이 서려 앞이 하나도 보이지 않았고 직감적으로 서 있을 곳을 찾아 경로석 옆쯤에 자리를 잡고 섰습니다.

조금 가다가 안경에 낀 김이 가신 뒤에 제 앞에 키가 작은 여자분이 서 있는 것을 알았지만 특별히 의식하지 않았고 행여 젖은 우산이 바지 자락에 닿을까 제 허리춤에 들고 있는 왼손 우산을 신경 쓰면서 간간이 오른손에 들고 있는 스마트폰으로 뉴스를 보면서 그렇게 가고 있었습니다. 구로역에서 사람들이 많이 내리고 전철이 조금 한산해지자 저는 다음 역인 신도림역에서 내릴 준비를 하기 위해 반대편 출구 쪽으로 돌아섰습니다.

 신도림역에 도착하여 전철 문이 열리고 내릴 때 어떤 남자분이 절 따라와 잠깐 얘기할 게 있다고 제 옷깃을 끌었습니다. 신도림역 홈의 한가한 곳을 찾아 서더니 그 남자는 경찰 신분증을 보여주면서 뭐 좀 물어볼 게 있다고 하더군요. 방금 전에 어떤 여자분 뒤에 서서 오지 않았냐고, 그래서 잘 모르겠다고 솔직히 얘기했습니다. 그 경찰이란 분은 조금 뜸을 들이다가 전화를 한 통 받더군요. 그리고 전화를 끊자마자 저에게 신분증을 요구하고 당신을 지하철 성추행 현행범으로 체포한다면서 미란다 원칙을 읊었습니다.

 저는 너무 황당하여 난 아무 짓도 안 했는데 무슨 근거로 날 체포하는 거냐고 항변했지만 피해 여성이 지금 당신의 처벌을 원하고 있고(고소) 사복 경찰인 내가 본 게 증거라고 얘기하더군요. 너무 황당하고 말도 안 되는 일이라 아무 말도 안 나오더군요. 조사를 위해 신도림 지구대에 같이 가주어야겠다고 동행을 요구했습니다. 난 잘못한 것도 없을뿐더러 그 경찰이 제 주민등록증을 가지고 있는 상태라 순순히 따라갔습니다.

 난 아무것도 하지 않았다는 항변에 그 경찰 말이 당신이 여자 뒤에 의도적으로 붙어 있는 것을 자기가 봤고 또 그 여자 뒤에서 쿵쿵대며 냄새를 맡고 있었다고 했습니다(쿵쿵댄 건 사실이지만 전 만성 비염환자라 사철 아침저녁 비오는 날 특히 쿵쿵댑니다). 자기가 본 게 여기까지고 당신이 아무리 의도적으로 아무 것도 안 했다 주장한들 피해자인 여자가 불쾌감과 성적 수치심을 느꼈고 그로 인해 당신의 처벌을 원하면 당신은 성추행한 거라고 말을 하더군요. 그게 대한민국의 법이라는데 참 뭐라 할 말이 없었습니다.

신도림 지구대에서 피의자 신분으로 조사를 위해 이수 지구대로 전철로 이동했습니다. 죄가 있고 없고는 조사를 해보면 아는 거고 빨리 끝나면 오전 중에 조사 다 끝날 수 있으니 회사에 전화해서 개인적인 일로 오전에 못 나가겠다고 얘기하라고 친절한 안내도 해주었습니다. 그리고 조사에 비협조적일 경우 그 경찰은 자신의 직권으로 최장 48시간 동안 당신을 조사할 수 있다는 엄포도 빼먹지 않았습니다.

이수역 지구대에 도착해서 보니 전 이미 영화에서나 보는 죄인이더군요. 형사 책상 앞에 앞 뒤폭 40센티나 될까 말까 한 공간에 구겨 앉아 세 시간여 동안 경찰의 질문에 답해야 했습니다.

질: 성추행할 때 느낌이 어땠습니까?
답: 성추행 안 했습니다.
질: 자, 그럼 다시 오늘 아침 전철에서 여자분 뒤에 서 있었죠?
답: 예. 그렇습니다.

질 : 그때 기분이나 느낌이 어땠습니까?
답: 아무 생각 없이 서 있는 사람한테 기분이 어떠냐고 물어보면 뭐라고 답해야 하나요? 그냥 아무 느낌 없었습니다.

이런 식의 질답이 약 세 시간가량 오갔습니다. 질답 중 다른 곳에서 진행된 피해자 여자 측의 조사가 끝났다며 내용을 보여주진 않고 구두로 얘기해 주었습니다.

'전철 안에서 어떤 남자가 내 뒤에 붙어 서서 몸이 닿았고 손으로 여겨지는 신체 부위가 허리춤과 엉덩이 부분에 닿았다 떨어졌다고 했다. 그리고 그 남자가 킁킁대며 내 냄새를 맡고 있는 듯했다. 혼잡한 역곡-구로 구간에서 몇 차례 몸 방향을 조금씩 돌려 피하려 했지만 그 남자가 일부러 계속 내 뒤를 지키고 있는 듯했다.'

여기까지 라네요. 조사받는 동안 제 휴대폰은 이미 압수당해 경찰 책상 위에 올려놓아져 있었구요. 조서가 다 되었다며 확인하자고 건네면서 질문 내용은 자기 권한이니까 읽어볼 필요도 시비 걸 생각도 말고 당신이 답한 내용에 사실이 아닌 내용이 있으면 말하라더군요.

질: 성추행할 때 느낌이 어땠습니까?
답: 아무 느낌 없었다.

대략 이랬습니다. 질문은 온통 제가 범인이라는 전제하에 하는 질문들이었지만 제 의지대로 사실에 근거하여 대답했기 때문에 얼른 여기서 나가서 방법을 강구해야겠다는 생각밖에 나질 않았습니다. 그렇게 조사가 끝나고 전 풀려났습니다.

사돈의 팔촌까지 다 동원하여 경찰에 아는 사람을 수소문해 어찌하면 좋을지 물어보니 누군가가 그 조서에 사인하고 지장 찍었다면 이미 50프로(질문 내용)는 인정한 것이나 다름 없다네요. 그리고 나중에 인터넷에서 비슷한 사례를 찾아보니 이런 경우 사복 2인조가 수상쩍은 사람을 하나 찍으면 한 사람은 남자한테 가고 한 사람은 여자한테 가서 "조금 전 당신 뒤에서 어떤 남자분이 성추행하는 거 몰랐습니까?"라고 물어 시작한다네요.

대부분 여자들은 놀라고 부끄럽고 해서 무조건 처벌해 달라고 하고 그리하여 남자 쪽 경찰에게 전화가 가면 현행범으로 체포되는 수순이랍니다. 48시간 동안 난 아무것도 하지 않았다라고 버텼어야 하는 건데 후회가 됩니다. 쿵쿵거린 것에 대해선 이미 위에서 얘기했으니 신체 접촉에 대해 얘기하면 용산행 급행의 밀도가 어느 정도인지는 정말 말로 표현할 수 있는 한 최고로 빽빽하다는 말이 옳습니다.

콩나물시루 같은 만원 전철에서 신체 접촉 그것도 우산을 쥐고 있는 손등이 허리에 닿고 엉덩이에 닿았을 뿐입니다. 더 정확히는 여자분 표현대로 닿았다 떨어졌다 한 것뿐입니다. 몇 차례

몸의 방향을 바꾸어 피하려고 했다는 부분은 밀집도가 심한 만원 전철에서 조금의 틈이라도 생기면 사람들의 흐름에 밀려 그 틈이 채워지게 되는 것 또한 누구나 아는 사실입니다. 이 대목에서 경찰관이 그러더군요.

"당신 앞에 악취가 지독한 홈리스가 서 있었다면 그래도 그러고 있었을까? 제아무리 전철에 사람이 많아도 홈리스 한 명 타면 반경 50센티는 싸악 비워지지. 당신이 적극적으로 신체 접촉을 피하지 않은 건 싫지 않았기 때문이야. 그래서 당신은 유죄인 거고."

나쁜 사람을 잡아들인다는 사명감을 넘어 이 정도의 대사를 칠 정도라면 충분히 자신의 권위를 즐기고 있는 듯이 보였습니다. 부디 그 앞날에 축복 있으시길….

언제부터 대한민국이 무고한 사람마저 무죄를 입증하지 못하면 유죄가 되는 나라입니까?

죄형법정주의

헌법 제13조 제1항에 '모든 국민은 행위 시의 법률에 의하여 범죄를 구성하지 아니하는 행위로 소추되지 아니한다', 형법 제1조 제1항에 '범죄의 성립과 처벌은 행위시의 법률에 의한다'라고 규정하고 있는 것은 모두 죄형법정주의를 규정한 것입니다. 추행이라 함은 성욕의 흥분, 자극, 또는 만족을 목적으로 하는 행위로서 건전한 상식 있는 일반인의 성적 수치 또는 혐오의 감정을 느끼게 하는 일체적 행위를 의미한다고 정의되고 있습니다.

다만 추행은 객관적으로 성적 자유를 침해하는 행위일 것을 요하므로 그것은 성적 자유를 침해하는 중요한 행위에 제한되어야 합니다. 위의 정황상 오해의 소지가 있었던 것도 사실이지만 오해와 오인이 있었다고 하면 정황을 해명하고 입장을 항변할 정당한 기회가 주어지는 것이 법치국가라고 알고 있습니다. 경찰의 실적 올리기식 수사와 형식적인 조사만으로 무고한 시민이 성추행 범죄자가 된다면 그리고 힘없고 빽없는 개인이 그 억울함을 호소하기 위해 생업을 포기하고 거리로 나가야 한다면 그게 대한민국의 오늘이라면 참으로, 참으로 슬프네요.

무죄 추정의 원칙(유죄의 확정판결 시까지 무죄로 추정해야 한다)이 뭔지도 모르는 상식 이하의 경찰관은 남편의 무고함을 읍소하고 고소 취하 요구를 위해 피해자분의 연락처만이라도 알려달라고 수사대로 전화한 제 처에게 억울하긴 뭐가 억울하냐, 내가 현장에 있던 경찰관이라며 범인은 증거를 요구할 자격이 없다고 했다네요. 처에게 그 얘기를 듣는 순간, 저 같은 소시민도 누군가에게 분노 이상의 반인륜적 감정을 느낄 수 있다는 사실을 처음 깨달았습니다.

성추행이 친고죄인 특성상 대부분의 이런 경우 경찰 쪽에서 먼저 고소 취하 쪽으로 합의를 유도한다고 들어서 이제껏 연락이 오기를 기다리고 있었는데 피해 여성분이 합의 의사가 없어 검찰에 송치되는 수순만 남았다고 하네요. 합의 의사가 없는 이유인즉 사건이 나고 얼마 지나지 않아 제 안사람이 너무 억울한 나머지 아고라에 아래의 글을 올렸고 이 글로 인해 재조사(피의자도 없이 재조사라니) 차원에서 경찰과 피해 여성분의 조사가 있었고 이 과정에서 합의 의사가 없다고 했다고 합니다.

　이대로 있으면 벌금 일이백만 원이라지만 전 제 명예를 위해서 그리고 이미 너덜너덜해진 제 가족을 지키기 위해 전 끝까지 싸워볼 겁니다. 전세금을 빼서라도 재판을 하려 합니다. 아마 이 글도 피해자라 생각하시는 여성분 그리고 경찰관분들 다 보실 테지요. 아니요 꼭 보셨으면 좋겠습니다. 고소 취하를 위한 정중한 부탁이나 오해 소지의 사과가 있기 전에 여론화해서 재조사니 어쩌니 하면서 귀찮게 해드린 게 성실하게 살아온 두 아이의 아빠를 성추행범으로 꼭 만들어야 할 만큼 경찰관님들을 피해자라 생각하시는 분을 그토록 분노하게 했는지 이야기를 들어보고 싶습니다. 정의가 진실이 받아들여지는 나라 전 믿고 싶습니다. 나는 무죄입니다.

　　(이하 아내가 아고라에 올린 글 전문입니다.)

전 성추행범으로 몰린 40대 평범한 남자의 아내입니다. 너무너무 억울하고 답답해 글 올립니다. 두서 없는 글이 될지 모르겠지만 읽어봐 주시고 도움 부탁드립니다.

11월 30일 아침 용산행 급행열차를 역곡에서 타고 출근한 남편에게서 1시쯤 전화가 왔습니다. 성추행범으로 몰려서 끌려가 조서를 쓰고 나왔다는 아무런 생각도 나지 않고 황당하기 그지없었습니다. 내용인즉은 11월 30일 여느 때와 같이 역곡에서 XX동 회사까지 출근하기 위해 콩나물시루가 되는 용산행 급행 지하철을 타고(안경을 쓰다 보니 지하철에 올라타면 한동안 김서림 땜에 앞이 안 보인답니다) 본능적으로 자리를 잡고 앞도 안 보인 채 오른쪽 어깨에 배낭을 메고 오른손은 들어올려 스마트폰을 들고 있었고 왼손엔 젖은 우산을 들고 있었답니다(전날부터 비가 왔었거든요).

사람이 너무 많아 피할 공간도 없었고 앞에 여성분이 서 계신 줄도 모르고 있다가 안경에 김서림이 빠진 후에야 알았답니다. 차량이 흔들리고 사람이 너무 많아 밀림을 당하니 어느 정도 여성분과 신체 접촉을 피할 수 없었을 터이고. 만성 비염으로 치료를 받고 있던 남편은 항상 쿵쿵거리긴 하지만 비가 오는 날이나 추운 날엔 그 증상이 더욱 심해져 냄새도 잘 못 맡고 유독 버릇처럼 쿵쿵거린 모양입니다. 그러다 구로에서 사람들이 많이 내려 그 틈을 타서 반대편 입구 쪽에 섰답니다. 그리고 신도림에서 지하철을 갈아타러 내렸는데 누가 따라오며 잠깐 신분증 좀 보여달라 하더랍니다. 그래서 뭡니까? 했더니 지갑을 보여주며 경찰인데 성추행 현행범으로 체포하겠다 하며 끌고 갔다네요.

상대편 여자는 얼굴도 모르고 보지도 못한 상태이고 끌려가 조서를 쓸 때까지 납득할 수가 없어서 남편이 제가 무슨… 그런 적 없다 하니 첨엔 다 그렇게 말한다며… 내 눈으로 본 게 증거다. 이러며 빨리 자백하고 조서 쓰면 오전에 끝내고 보내준다며… 출근길이니 회사에 전화나 넣고 통신기기 꺼내어 놓으라며 압수했답니다. 지하철 경찰대!! 실적 올리기식 사람 찍어놓고 만원 전철에서 무고한 사람 추행범 만들어 좋으십니까 형사님들?? 상대 여성분에게는 충분히 오해의 소지가 있었다고 생각합니다. 불쾌하고 싫으셨을 거라는 것도… 하지만… 정말 의도한 것도 아니고 고의적인 것도 아닌… 이런 어쩔 수 없는 상황을 꿰어 맞추어 정말 무고한 사람을 고소하시면 당사자 한 사람이 아닌 그 가정은 어떻게 되는 것입니까.

형사님들이 보셨다는데 바로 옆자리에서 본 것도 아니고, 촬영해서 보여주는 것도 아니고 CCTV도 없고. 상대 여성이 성적 수치심을 느끼고 불쾌함을 느끼면 바로 추행범이 되는 거라고… 그래서 당신은 성추행범이랍니다. 무슨 이런 말도 안 되는 법이 있습니까? 그럼 지나다 몸만 닿아도 손만 스쳐도… 지하철을 이용하는 남성들은 모두 성추행범이라는 정황 아래 보고 있다는 말씀

이십니까? 만원 전철 타본 적 없나요? 형사님의 형이나 동생이었다면요? 증거도 없고, 무고한 시민을, 한 가정의 가장을, 아이들이 자랑스러워하던 아버지를, 내 소중한 남편을, 이렇게 무참히 성추행범으로 만들어 명예를 훼손시키고 인권을 유린해도 되는 겁니까? 상대 여성분도 신고하려 한 것도 아닌 거 같은데, 형사 한 명은 여성분에게 가고 한 명은 제 남편을 따라와 서로 다른 곳으로 데리고 가서 여성분에게 당신 지금 뒤에서 성추행한 것이라며 당한 거라고 말하는데 놀라지 않겠습니까? 고소하시겠냐고 하는데 거기서 여성분이야 당연히 처벌해 달라 하지 않겠습니까?

여성분도 뒤에서 쿵쿵거리는 게 기분 나빴고, (만성 비염으로 진단서도 받았습니다) 우산을 들고 있던 남편 손등이 허리나 엉덩이 부분에 닿았다고 하는데… 만원 전철 안에서 충분히 있을 수 있는 정황이라는 것, 특히 아침 출근시간에 용산 급행 타보신 분들은 이해하시리라 생각됩니다. 하지만 저희 남편이 더욱 주의를 했어야 했는데… 앞의 여성분이 불편해하는 기색도 모르고 사람들에 떠밀려 어쩔 수 없긴 했지만 어찌 되었든 상대 여성분이 불쾌하셨으리라는 건 저도 이해하고 충분히 죄송하단 말씀 이 글을 통해 전합니다. 그러나 앞서 말씀드린 대로 이런 상황을 아신다면 그분의 오해로 인해 한 사람을 억울하게 성추행 범죄자로는 만들지 말아 주셨으면 좋겠습니다. 고소 취하해 주셨으면 좋겠고, 경찰대의 실적 올리기식의 수사로 무고한 시민을 두 번 죽이는 일은 없었으면 합니다.

너무 억울해서 정말 강물에라도 뛰어들고 싶은 심정입니다. 결백을 증명할 수 있다면 말이죠. 남편이 그러더라구요. 조서를 쓰는데 배를 갈라서 그 자리에서 자신의 결백을 주장하고 싶었다고. 저는 지금 피눈물이 흐릅니다. 남편은 결백을 주장하기 위해서 소송도 불사하겠답니다. 허나 참 이 나라의 법은 누구를 위한 법인지 99% 패소한다네요. 무고죄에 명예훼손죄… 어떻게 하면 좋을까요. 이상 두서없는 글 읽어주셔서 감사드립니다.

* * *

(아빠가 성추행범으로 몰리셨다네요.)

안녕하세요? 저는 서울에 살고 있는 28살 여자입니다.

저는 오늘 너무 황당하고 어이없는 이야기를 들어 안녕하지 못하네요.

저는 지금까지 화목한 가정에서 서로를 너무 아끼고 사랑하시는 부모님 밑에서 자라왔습니다.

요새 부모님 표정이 어두운 것을 보면서, 무슨 일일까 마음이 편치 못했고, 오늘에서야 어이없는 얘기를 엄마로부터 들었네요.

아빠가 얼마 전에 지하철에서 성추행범으로 몰렸답니다. 듣는 순간 정말 기가 막히네요. 그 얘기를 듣는 순간 정말 어떤 X인지 욕부터 나오데요.

모든 사람들이 자기 가족은 그럴 리 없다고 믿겠죠.

저 또한 그런 사람 중 하나입니다. 근데 정말 지금까지 단 한 번도 가족들에게 실망을 준 적 없는 아빠이기에 너무 속상하고 마음이 아프네요.

엄마가 자세히 얘기를 해주진 않지만….

출근길에 신도림에서 지하철이 늦어지는 바람에 말 그대로 지옥철이었던 모양입니다. 다들 아시죠? 출근길 신도림.

근데 21살이라는 그 여성분이 소리를 질렀고, 그 상태로 아빠는 경찰한테 끌려가셨다네요. 아무리 아니라고 얘기하고 그래도 법이 그렇다네요. 그 여자는 자신의 엉덩이를 만졌다고 진술하고 가버리고 벌금 200만 원인데 합의를 하고 싶으면 900만 원을 달라 했데요. 21살짜리 여자아이가… 하하하하.

벌금 200만 원? 내면 됩니다. 근데 그 사람 많은 지하철에서 경찰들한테 끌려가면서 너무 수치심 느끼셨을 아빠와 4월에 벌어진 일이라는데 몇 달 동안 말도 못하고 속 끓이셨을 아빠 생각하면 너무 억울하고 눈물이 나 참을 수 없네요.

성추행 당연히 없어져야지요. 근데 한쪽 말만 듣고 억울한 사람한테 이런 일이 벌어진다는 거, 정말 납득이 되지 않네요.

그냥 이런 상황에서는 당하고만 있어야 하는 거죠? 대한민국 법 참….

좋은 일 아니지만 제가 미니홈피 주소까지 공개하는 이유는 저는 정말 0.000000001%도 아빠 잘못이 없었음을 확실히 믿고 있고. 혹시 도움이나 조언해 주실 분이 계실지 몰라 올려봅니다.

그 여자분 정말 제가 만나서 얘기 좀 해보고 싶네요.

* * *

남자가 봐도 잘생긴 남성 옆에 서서 몸을 밀착시켜 비벼대는 음험한, 그런 여자는 절대 있을 수 없다고 과연 누가 장담할 수 있나? 분명 그런 여성의 존재함이 사실이건만, 정작 그런 여성을 적발했다는 뉴스 거리를 만들어 언론에 흘려주는 경찰이나 검찰은 볼 수가 없다.

* * *

* 2013년 9월 14일자 '동아일보' 1,4,5,6면, 조동주/최예나 기자가 쓴 '커버스토리'에서 옮김

그래도 나는 하지 않았다.

성폭력 무고에 우는 남자들

교복 차림의 소녀가 울먹이며 젊은 남자 옷소매를 붙잡고 있다. 지하철 안에서 성추행을 한 범인으로 몰린 남자는 당황한 표정이 역력하다. 주변 사람들은 경멸스러운 시선을 보내고 있다. 지하철역에서 이런 광경을 직접 봤다면 어떤 생각이 들까. 백이면 백 '남자가 치한'이라고 여길 것이다. 억울하게 치한으로 몰려 고통받는 남자의 이야기를 그린 일본 영화 '그래도 내가 하지 않았어'의 한 장면이다.

겨우 누명 벗어도 의심 눈초리들, 낙인찍힌 삶 어쩌나…

- 무혐의로 풀려났지만 삶 망가진 A씨.
- 빚 안 갚으려… 불륜 들통에… '성폭행당했다' 허위 고소女들.
- 누명쓴 男 25일간 철창 신세 '소문나 새 직장 갖기 무서워 무너진 인생 어디서 보상받나.'
- 꽃뱀 소굴 대한민국/성범죄 일괄 친고죄 폐지 피해는 나의 가족이 될 것.
- '성폭행당했다'며 2,000만 원 뜯어낸 女.
- 자고 간 그녀가 날 성폭행범으로 고소했다, 도대체 왜?

- 앙심품은 여자 허위고소 땐 속수무책.
- 합의하에 성관계 가진 여자가 '결혼 No' 말에 성폭행 고소.
- 불륜 들키자 이혼 안 당하려고 내연남 고소하는 경우도 많아.
- 고소 접수 땐 무조건 경찰조사. 피의자 지원 기관은 거의 없어.
- '연루만 돼도 치명상' 남자들이 떤다.
- 무고 예방법까지 돌아/소문만으로도 치명적인 성(性).
- 조교 성희롱 추문에 휩싸인 교수. 결백 호소해도 징계 결정되자 '너무 억울' 유서 남기고 자살.
- '성폭행 위험 처한 여성 있어도 공범으로 몰릴 수 있으니 돕지 말자.'

위축된 남성들 극단적 목소리도…

성폭력 무고에 떠는 남자들
(6면 기사 중에서)

* 경찰청은 올해 초 블로그 '폴인러브'에 여성의 성범죄 자작극 유형을 소개하며 주의를 당부하기도 했다. 지하철에서 성추행당했다고 울면서 특정 남자를 가리키면 공범이 도와주는 척하며 신

고하거나 찜질방의 CCTV 사각지대에서 술에 취해 누워 있는 남성에게 접근해 성추행당했다고 협박하는 사례 등이 소개됐다.

* 서울의 한 대학교수(당시 42세)는 2010년 10월 교내 연구실에서 목을 매 스스로 목숨을 끊었다. 여자 조교를 성희롱했다는 추문에 시달리다 학교에서 징계를 받게 될 처지에 처하자 극단적인 선택을 한 것이다.
(중략)
유서에는 "너무나 억울하고 슬프다"며 결백을 호소하는 글이 적혀 있었다. 그 교수의 지인은 "진위가 확인되지 않은 성추문이 마구잡이로 퍼져나가자 그는 폐인처럼 지낼 수밖에 없었다"며 "억울하게 성추문에 얽혀 유가족까지 치명적 타격을 입었다"고 말했다.

* "남자가 야외에서 전신 노출을 하다 여자가 보면 남자의 공연음란죄고, 여자가 야외에서 전신 노출 하는 걸 남자가 보면 성희롱 죄다." 최근 인터넷에 떠돌고 있는 우스갯소리다. 물론 공연음란죄나 성희롱 죄는 남녀를 가리지 않고 똑같이 적용된다. 하지만 이런 농담이 인기를 얻을 만큼 남성들은 성에 대한 사회적 인식이 남자에게 일방적으로 불리하다고 느끼고 있는 게 현실이다.

* 고소장이 접수되면 남자는 무조건 경찰 조사를 받아야 한다. 성범죄는 피해자 편에서 수사하는 경향이 강해 확실한 증거가 없다면 남성보다는 여성의 진술을 신뢰하는 편이다. 피해 여성을 위한 지원 단체는 많지만 피의자 남성이 법적 지원을 받을 수 있는 기관은 찾아보기 어렵다. 억울하게 고소를 당했다 해도 사건이 경찰에서 검찰로 넘어가 최종적으로 무혐의 처분을 받는 데엔 두세 달은 족히 걸린다. 남성이 죄가 없더라도 사회적으로 '성범죄자'라는 낙인이 찍히기 충분한 시간이다.
　"…"
　이런 실상이 중앙일간지 4개 지면에 대서특필 되는 세상이다.

＊ ＊ ＊

　노출 정도가 너무 지나쳐 오히려 천박해 보이기까지 하는 젊은 여성이 도심 곳곳을 활보하고 있음을 인정해야 하지 않는가? 마치 자신들만이 누릴 수 있는 대단한 특권이라도 소유한 듯, 섹시라는 자기 판단에 도취해 과도한 신체 노출을 거리낌 없이, 거침없이 하는 시대 아닌가?
　그렇게 남성들의 본능적 성 충동을 잔뜩 야기시켜 놓고선!
　그렇게나 몹쓸 병으로 욕해대는 관음이라는 질병에까지 빠져들게 만들어놓고선!

그렇고 그렇게 남성들을 향해 함정을 판 그렇고 그런 여성들의 작태에 한없이 약할 수밖에 없는 본능적 성(性)을 가진 그런 남성들을 향해 지나친 도덕적 잣대를 들이대 부도덕하다느니, 자신들을 바라보는 눈빛이 어떠하다느니 하며 이중적 재단을 하는 여성들에게 할 말 많은 남성이 꽤 많다는 것이다. 단지, 여성들의 판단, 느낌만을 근거로 멀쩡한 남성을 백주의 성추행범으로 낚아채어 버리는 황당한, 부당한, 그래서 너무 웃기는 남성 역차별, 편견도 이젠 살펴봐야 할 시점이 아닐까?

하절기만 되면 아예 반라 차림으로 거침없이 활보하는 젊은 여성들의 지나침을 주의주고, 만류하고, 때론 위험성까지 말해 주는 노파심 가진 부모나 어른이 과연 이 사회에 있기나 할까 생각되는 건 왜일까?

용기없는 이 사회와 어른들이 너무 비겁해 보이는 건 왜일까?

미혼 여성들을 상대로 조사한 어떤 포털사이트 설문 결과 87%는 놀라울 따름이다.

"달콤한 연애는 안달 낼 만큼 하고 싶지만, 짐스럽고 거추장스런 결혼은 결코 하고 싶지 않다"는 젊은 여성들.

one night stand? 모 결혼정보회사에서 2천여 미혼 남녀를 대상으로 조사한 결과 또한 놀랍기만 할 뿐이다.

57.7%의 남성과 36.6% 여성이 원 나잇 스탠드, 즉 하룻밤용

섹스를 해봤다고 밝혔다.

　더 나아가 2,30대 회원 2만 명을 상대로 모 여성 포털사이트가 실시한 조사에서 28%의 여성이 전혀 모르는 상대와 "one night stand(원 나잇 스탠드 하룻밤 섹스)를 해볼 생각이 있다"고 밝혔단다.

　이런 값싼 생각을 거침없이 하고 있는 미혼 자녀, 특히 딸을 둔 부모들은 이런 결과를 알고나 있을까?

　만약 알게 된다면 어떤 생각을 하게 될까?

　'설마… 내 딸은 아니겠지. 남의 집 딸 얘기겠지? 우리 딸은, 내 딸은 절대 그럴 리 없어!'라고 한다면?

　이런 게 현실임에도 불구하고 남의 일인 양 손사래만 친다면?

　'그럼, 그 딸은 누구네 집 딸이란 말인가?'

　더 많은 피서객 유치를 위해 강원도에서 2017년 동해안에 누드 해변을 만들겠다는 계획을 발표했다. 실오라기 하나 걸치지 않는 누드 해수욕장이란 프랑스, 덴마크, 하와이 또 마이애미에서나 그것도 해외 뉴스감으로나 볼 수 있는 것이라 생각해 온 게 대다수 아니었을까?

　그런데 이제 곧 얼마 후면 우리나라, 대한민국 땅에 벌거벗는 게 정상인 누드 비치가 생긴다는 것 아닌가?

　성범죄 척결이 이 시대가 당면한 중대 사안이라면서 누드 해변을 조성하겠다는 계획을 세운 것이 의아스러울 뿐이다. 피서객을 좀 더 늘려보려는 그깟 목적만으로 자칫, 오히려 성범죄를 더 부추기게 된다면 어떡할 텐가?

예의, 미풍양속, 도덕을 지나치리 만큼 중시해 왔던 우리의 정서 앞에, 양심 앞에 누구나 벌거벗어야 되는 누드 해변을 만든다는 게 과연 이로울지, 해악이 될지 누가 자신만만하게 말해 줄 것인가?

* * *

관음증과 범죄 사이

인간의 기술적 진보는 관음증과 동행했다. 19세기 카메라가 발명되자 거의 동시에 음화(淫畵)가 나타났고, 20세기 VCR의 급속한 대중화는 포르노에 힘입은 바 크다. 인터넷 보급 초기엔 '인터넷과 친해지는 지름길은 음란물 검색'이라는 말이 있었다. 요즘 소셜네트워크 서비스(SNS)에서 유통되는 주요 콘텐츠의 하나도 포르노다.

회화에서도 인간의 관음 본성이 드러난 작품이 많은데 대표적인 것이 루벤스, 렘브란트 등이 그린 '스잔나와 장로들'이다.

스잔나가 목욕하는 장면을 훔쳐보던 두 장로가 이성을 잃고

"몸을 허락하지 않으면 네가 우리를 유혹했다고 고발하겠다"고 협박한다. 그러나 스잔나는 거부했고 다니엘의 공정한 재판으로 장로들이 처벌받는다는 성경 이야기다.

이 얘기는 중세까지는 부덕(婦德)을 가르치는 소재였으나 근세 이후엔 성적 매력이 넘치는 나신(裸身)을 그리기 위한 방편으로 활용됐다. 그림 속 장로들뿐 아니라 화가나 관객도 관음 대열에 합류한 셈이다.

- 2013년 10월 22일, 동아일보, 허승호 논설위원의 기사에서

* * *

세속주의의 역습을 받아버린 시대는 엄청난 요동을 겪으며 짧은 세월 동안 너무도 많이 변해 버렸다. 그럼에도 불구하고 유독 여성만은 엄청나게 변화된 자신들의 특권적 위치는 애써 모르는 척 시침 떼고선 자신들은 여전히 나약한 존재라며 사회적 약자, 피해자일 뿐이라 한담(閑談)하며 특별한 대우받기만을 원한다.

여성의 높은 지위와 권리 천국이라는 미국을 앞질러 여성 대통령까지 만들어낸 대단한 대한민국에서 말이다.

작가 한상복의 '여자의 속마음'이란 글에 이런 내용이 있다.

"우리나라 여성은 대체 어떤 여자를 좋아할까. 다양한 조사가

이뤄졌지만 그 결과는 언제나 대동소이했다. '예쁜 척, 약한 척하지 않는 털털한 여자'로, 남성들에게 매력적이지 않는 여자"다.

자세히 들여다보면 역설적인 얘기다. 자신보다 더 잘나고 예쁜 여성을 용납지 않으려는 여성적 본능.

그래서일까?

마치 작정이라도 한 것처럼 침 튀겨가며, 삿대질해 가며, 매섭게, 무섭게 남성을 물고 뜯으며 성토하는 여성 뒤편엔 또 다른 여성이 있을 수밖에 없다.

그래서일까?

여성의 적은 바로 여성이란 말이 떠오르는 게….

매 맞는 아내만 존재하던 사회에 이젠 매 맞는 남편 뉴스도 심심치 않게 접하게 된다. 매 맞는 아내는 이제 공권력이나 사회로부터 많은 보호를 받는다. 그리고 가해자인 남편은 이제 이 사회에 발붙일 곳이 없어졌다. 그렇다면 숫자가 어느 정도인지 파악조차 안 되는 매 맞는 남편들에 대해선 왜 공권력이나 사회가 무관심할까?

폭력을 일삼는 남편들처럼 몇 미터 이내 접근금지 명령 조치 처분을 받는 아내도 있을까?

조직폭력배보다 오히려 더 무섭다는, 소위 일진이라는 여학생

깡패 조직이 엄연히 존재하는 사회다.

(작가는 2007년 『교사는 아프면서 간다』라는 소설을 통해 여학교 폭력서클 일진의 존재를 밝힌 바 있다.)

새파란 여성으로부터 뺨을 얻어맞는 멀쩡한 남성들 모습을 이젠 TV나 영화 장면을 통해 너무 쉽게 볼 수 있다. 젊은 여성들의 음주, 흡연도 이제 보편화되어 간다. 여학생들조차도 이젠 더 이상 숨어 담배를 피우지 않는다. 심지어는 주택가 벤치에서까지⋯ 그것도 교복을 입은 채로 버젓이 담배를 피우는 학생들을 쉽게 볼 수 있는 게 오늘의 현실이다. 미성년 학생들의 무절제한 음주, 흡연과 눈뜨고 보기 역겨운 난잡한 행각을 보고 엄하게 꾸짖으며 견책(譴責)하는 어른다운 어른이 이젠 그 어디에도 없다. 왜? 제 부모도 경책(警責)치 않고 비굴하게 눈감아 주는 판에(기껏 열 몇 살밖에 안 먹은, 그야말로 젖비린내 나는 내 아들, 내 딸의 흡연 음주 그리고 위험천만한 이성 놀이를 세상 사람들은 이미 다 알고 있는데 유독 그 부모란 작자들만 모르고 있겠는가?)
이젠 늙수그레한 아저씨의 훈계 따윈 받아들일 필요가 전혀 없어진 것이다.
(불과 몇 년 전까지만 해도 그런 청소년들을 보면 크게 혼찌검 내던 작가도 이젠 슬그머니 자제하고 있다. 아내와 자녀들의 우

려 (그러다 봉변당할 수 있으니 유별 떨지 말라) 때문만은 아니지만….

* * *

(소설 「교사는 아프면서 간다」, 70페이지에서)

열대여섯 살 된, 그것도 여자아이들을 불러 모아놓고 또래들의 흡연을 말하고 음주 염려를 해야 하는 세태에 교사로서 자괴감과 참담함을 느꼈다.

* * *

세상은? 사회 곳곳은 이제 점점 여성 주도 시대로 급변하고 있다. 특권적 지위가 여성들에게로 쏠려가고 있다. 남성들 눈에 들기 위해, 다른 여성들보다 자신이 조금이라도 더 잘나 보이기 위해, 튀고 싶어 하는 여성이 바로 여성 스스로의 적(敵)이 되고 마는 시대 중심에 여성들 자신이 있다.

여성. 그들이 지금 연대의 위력을 과시하며 분연히 떨치고 일어나 남자들의 전유물로만 여겨졌던 쾌락, 거침없이 즐기는 성. 음주, 가무, 도박, 외도, 불륜·탈선의 뉴스 중심을 차지해 가고 있다. 풍광 좋은 심심계곡마다, 전망 좋은 바닷가 언덕마다 기괴한 이름을 내붙인 러브호텔이 점령 성업 중이다. 그 탈선 현장의 성비가 50:50인 것도 분명하다. 그렇게나 부도덕한 것으로 손가락질받았던 불륜쯤은 이제 넌지시 용인까지 해주려는 그런 인심 넉넉한 사회가 되어가는 것 같다.

혼외 남자무관(男子無關)

막강한 여성 편력을 능력으로까지 우스갯거리 되는 그런 사회임을 우린 설핏, 아니 너무 잘 알고 있었던 건 아닐까?
그래서일까? 외간 남자 한 명 없는 걸 무능 탓이라며 타박 성 놀림받는 게….
혼외 남자무관(男子無關)?
이게 사실일까?….
설마… 그건 아니겠지….

내친김에 꼭 하고픈 이야기가 있다.
매주 수요일이면 어김없이 벌어지는 시위가 있다. 바로 일본대사관 앞에서 1992년 1월부터 20년째, 일본정부의 사과와 피해 보상을 목 터져라 요구하는 일본 위안부 피해자 할머니들의 울부짖음이다. 80~90의 노구를 끌고 죽을 힘 다해 외쳐보지만 지독한,

간악한 일본 극우정권들은 반성이나 사과는커녕 오히려 위안부 정당화에 열을 올리고 있다.

대표적 극우성향인 '하시모토 도루' 오사카 시장의 발언은 이런 지경까지 와 있다.

* 전쟁에서 군인들이 어딘가 쉴 수 있게 위안부 제도가 필요하다.
* 인간, 특히 남자에게 성적 욕구 해소가 필요한 건 엄연한 사실.
* 구미 각국이 현지 여성들을 이용해 왔다. 그럼에도 일본만 부당하게 모욕당하고 있다.

분노가 치민다. 정말 모욕적이다. 그자들의 사악한 입술에 끝없이 능욕을 당하는 기분이다.
하지만 그러함에도, 이런 기사가 일본 땅에 넘치고 있는 게 엄연한 사실이다.

"해외 한국 매춘여성 때문 일본 우익 위안부 정당화 열 올려"
"해외서 성매매하는 한국여성 무려 30만 명"
"성매매 수출국, 오명. 일본 원정 매매춘 여성만 5만 명"

"50년 후엔 이들도 일본에 사과와 배상을 요구할 건가?"

포학한 자들의 미혹(迷惑)으로 인해 압제와 도륙(屠戮)의 고통을 감내하며 청춘을, 젊음을, 인생을 노략당했던 위안부 피해자 할머니들.

기나긴 통한의 세월을 할퀴고 뜯겨 너무나 쇠패(衰敗)해져 버린 피해자 할머니들께선 다음 주 수요일이면 또 가늘게 떨리는 목소리를 합쳐 1천 몇 번째 집회 명맥을 이어갈 것이다.

하지만 그렇지만, 지금 이 시간, 백주 일본 도심 한복판에서는 '제발 내 몸을 엔화로 좀 사달라'고 애걸복걸하는 손녀 또래들이, 걸핏하면 만들어내는 쓰레기 기사가 원흉의 나라 중심부에서 악취를 풍기며 나뒹굴고 있다. 그런 모욕적 현실을 야유하며 그저 제 놈들의 노리갯감 정도로 여기며 낄낄대는 사악한 일본을 바라보는 당사자 할머니들의 분노 그리고 망연자실.

그 모진 고초의 세월을 겪어내고 지금껏 살아온 위안부 할머니들이 또다시 겪게 되는 수치심은 어떻게 해야 한단 말인가?

자존심

그렇다. 작가는 이런 일부, 아주 못되어 먹은 젊은 여성들에게 자존심을 말해 주고 싶다. 여성들의 전유물이라는 하이힐 하나조차도 여성들만의 분명한 자존심이 담겨 있다. 특히 여성들은 자존심이란 표현 쓰기를 좋아하고 그래서 또 자주 하는 것 같다.

두려움과 고통. 어디 그것뿐인가? 웬만한 위험 부담쯤은 감수하고서라도 별 주저함 없이 선뜻 성형수술을 받는다. 그것 또한 여성들만의 자존심이라 작가는 믿고 싶다. 단순히 뭇 남성들로부터 관심, 선택받기 위함이 전부는 아니라고 작가는 믿고 싶은 것이다.

내 마음에 드는 나 자신을 위해 어느 정도의 고통과 위험이 따르더라도 여성의 특권인 하이힐을 신고, 또 타인들 마음에 들게 하기 위해 나를 바꾸는 성형이 절대 아니라고 당당히 말하는 여성의 자존심을 들어보고 싶은 것이다.

언제부터인가…. 그 많았던 우리의 자랑거리들이 슬그머니 자취를 감춰버린 것 같아 속이 상한다. 한 예로 유구하고 찬란한 역사, 자랑스러운 백의 단일민족에 동방예의지국이란 자긍까지.

그런 것들의 실종에 안타까워하는 젊은이들이 이제 이 땅에 없다. 그래서 그것 때문에 우리가 서글퍼졌다 탄식하고 한숨 짓는다면 누가 동의해 줄까?

어느 사이 여성 범죄자들을 수용하는 여자 교도소가 엄연히 존재하는 그런 시대를 오늘 우리가 살고 있다. 이런 속도로 가다가는 그리 오래지 않아 '아마조네스 여전사 왕국' 같은, '여성 절대

우위' 공화국 시대가 도래할 것 같다는 생각이 든다. 현실이 이러함에도 불구하고 여성들은 여전히 이 사회의 약자일 뿐이라는 자신들만의 편리한 잣대를 들고 이용한다. 편견(偏見), 즉 공정하지 않게 어느 한쪽으로만 치우친 생각을 하고 있는 것, 그런 편견적 관념을 역이용해 취득하게 된 지나친 특혜를 여성들이 지금 마음껏 누리고 있는 건 아닐까? 거기에서 더 나아가 이젠 아예 동등한 것조차 거부하고 우월적 대접만 받겠다는 과한 욕심까지 부리는 건 아닐까?

언제부터인지 모르게 우리 사회로 스며들어 생경하게 느껴졌던 단어, 여성 상위시대는 여성 우월시대, 남성 하위시대라는 새로운 용어에 파묻혀 이젠 아주 구닥다리 유품이 되고 말았다.

섹스 체위마저도 이젠 여성 상위가 보편화된 걸 굳이 말하지 않더라도 말이다.

그렇다 이젠 여풍당당이란 신조어까지 만들어졌다. 여풍당당해진 시류에 남성들이 동의해 주고 또 따라 편승해 주지 않으면 결코 살아남을 수 없을 것 같은 예감이 결국은 적중되고 말 것 같다. 물론 작가의 이런 생각을 두고 지나치게 편협하다 비판당하고 더 나아가 많은 여성분들의 공분을 일으켜 난처해질 수 있겠다는 우려가 없는 것도 아니다.

* * *

과도한 배려는 여성을 '배려해 줘야 할 약자'로 인정하는 것과 다름없다. 내가 여성이라면 자존심 상하는 말이다. 진정한 양성 평등은 이런 배려로 이뤄지는 게 아니다. 남성이라, 혹은 여성이라는 의식적 구분 없이 '똑같은 사람'으로서 양성의식을 갖는 것. 이게 진정한 양성평등 아닐까? 양성평등의 첩경은 '의식변화'지 여성전용의 관대한 확대가 아니다.

- 동아일보 조동주 기자 기사 중에서

여자들의 금기, 잘난 척

여성 사이에선 우월의식을 드러내는 행위(일명 '잘난 척')가 금기다. 사이좋게 지내야 하기 때문이겠지만, 잘난 척하다가 소외당할지 모른다는 두려움이 내면화된 데 따른 것으로도 보인다. 남성의 경우, 경쟁심 또는 이기심을 공공연하게 나타낼 수 있는 관계 속에서 살아가기 때문에 잘난 척하는 여자 동료에 대한 여성들의 부정적 심리를 이해하기 어렵다. 여성 간에는 뛰어난 측면을 지닌 동료가 '잔혹극의 희생자'로 내몰릴 가능성이 높다. 외모가 매력적이거나 회사에서 승승장구하거나 부러워할 만한 남자 친구를 둔 여성이 눈치 없이 자기 자랑을 할 경우 특히 위험이 커진다.

집단 공격은 당사자가 없는 곳에서 그녀에 대한 동료들의 뒷

담화를 통해 시작되는 경우가 대부분이다. 당하는 여성은 소통이 단절된 가운데 은근한 혹은 노골적인 따돌림에 둘러싸인다. 어느 순간 집요한 관심과 더불어 따가운 눈총을 받게 된다. 동료들은 교묘하게 상처를 주는 말을, 주어를 생략한 채 주고받으며 그녀의 수치심 또는 열등감을 자극한다. 학교 교사들이 남자아이들의 따돌림은 비교적 쉽게 적발해 내는 반면, 여자아이들의 따돌림은 잡아내기가 어렵다고 입을 모으는 것도 이 때문이다.

여성의 경쟁은 이처럼 남성의 그것과 다른 흐름을 보인다. 남성의 경우 정당하게 경쟁자를 뛰어넘으려고 하거나, 음모를 꾸며 경쟁자를 제거함으로써 자신이 그 자리에 오르려고 한다. 반면 여성은 집단의 힘을 이용해 앞서 가는 경쟁자를 공격한다. 게다가 공격의 목적 또한 경쟁자를 이겨내거나 자리를 빼앗으려는 의지가 아니다. 다만 누군가가 앞서 나가는 것을 좌시할 수 없을 뿐이다.

상하의 수직적 관계에 익숙한 남성과 달리, 여성은 수평적이며 호혜적인 관계를 만들려는 속성을 지녔다. 이런 관점에선 자신의 강점을 자꾸 드러내어 수직적인 질서를 구축하려는 다른 여자의 잘난 척이 눈엣가시처럼 보이는 것이다. 그래서 여성에겐 '소속그룹'이 중요하다. 남들 눈에 돋보이지 않기 위해서라도 특정그룹의 일원이 되어 호혜적 보살핌을 주고받으면서 자신의 방패막이로 삼고자 한다. 여성 그룹은 겉보기엔 밝고 화기애애하지만 다른 한편으론 매우 배타적인 이중성을 보이는 경우가 많다. '포함' 또는 '배제'의 규칙에 따라 움직이기 때문이다.

동질감을 느끼는 친구끼리는 자애로운 보살핌을 주고받으며, '재수 없는' 동료는 따돌림으로 괴롭히는 힘이 그룹 짓기를 통해 나온다. 여성들은 수시로 바뀌는 그룹 멤버의 기분에 맞춰 스스로를 능수능란하게 변화시킨다. 그들의 기민한 눈치에는 그만한 이유가 있는 것이다.

— 한상복의 「여자의 속마음에서」

* * *

10대 후반, 유일한 하굣길이었던 청량리동 588번지 사창가 앞을 지날 때마다 도로 양편으로 늘어선 여자들로부터 "얘, 까까학생! 이 이쁜 누나가 오늘 네 총각 딱지 떼어줄까? 이리 와 봐. 아휴 귀엽고, 이쁜 것, 누나가 따먹어 줄까?"

그녀들의 초저녁 무료함을 달래주는 장난거리쯤 정도에 불과했던 소년은 그곳을 지날 때마다 화장 진하게 칠한 누나들에게 모자와 가방을 빼앗기기 일쑤였다. 그 정도면 성추행당했던 것 아닌가? 그것도 열일곱, 여덟 미성년자를 상대로 한 아주 나쁜 성추행 아니었던가? 그러나 당시의 공권력과 사회는 소년을 지켜주지 않았다. 그리고 걸핏하면 포주들과 결탁했다고 뉴스감이 되던 경찰은 그 윤락업주나 성매매 여성들을 제재하거나 처벌하지 않았다. 그렇다고 소년을 보호해 준 것도 아니었다. 그랬던 사회와 공권력이 어느 날부턴가 이렇게까지나 위상이 높아져 버린 여성들 인권만이 시대적 최고 가치인 양 과잉대접 해주느라 많은 남성들을 오히려 홀대하고 있다.

과연 여성은 이 사회의 영원한 약자여서 언제까지나 피해자 입장이기만 한 걸까?

멋지고 강하기까지 해야 되는 남성의 수컷본능을 자극하는 기술까지 발휘해 왔던 여성들은 지금도 '척'하는 걸 좋아하는 것 같다. 한없이 연약한 척, 괜히 수줍은 척, 더 많이 먹을 수 있으면서도 더는 못 먹는 척. 어린애 같은 코맹맹이 소리를 내어 남자들의 보호본능을 자극하여 남자의 판단력과 냉철한 이성적 처신에까지 영향을 미치게 할 수 있다는 걸 너무도 잘 알고 있는 여성들의 마법.

이렇듯 나약한 여성성을 생존 방편으로 삼아왔던 여성들의 내숭 권리 효용성은 언제까지 용납될 것인가?

공수특전단의 여전사, 전투부대 여자 지휘관, 폭력 전담 여경, 여성 수사과장, 여성 무술유단자, 여자 교도관, 대형버스에 중장비 운전까지, 여자축구·유도·역도·프로레슬러에 격투기 선수까지, 나날이 늘어가는 여성 판·검사, 초·중고 교실 80~90%를 차지해 버린 여교사. 급속하게 늘어나는 여성 공무원에 여성 장군, 여성 경무관, 여교장, 외과 여의사, 건설현장 노동자, 여성 전투기 조종사, 강력계 여형사, 철인경기 도전 여성까지, 그야말로 어떤 영역이든 상관없이 도전하여 쟁취하려는 여성들의 거침없는 질주를 우린 지금 날마다 보고 있다. 거액의 보험금에 눈이 멀기라도 하면 남편까지도 살해할 수 있는 아내, 내연남을 버젓이 두고도 일말의 죄의식조차 없어져 버린 주부, 만약 남편에게 들킨다 하더라도 당장 거침없이 "그럼 이혼하면 될 것 아니냐"고 오히려 당당하게 요구하는 아내까지.

현실은 이렇게까지 달라졌는데도 이 사회는 여성을 여전히 나약한 존재, 그래서 피해만 당하게 되는 여성성 문제로만 덮어주려 한다. 그것도 아주 관대하게….

과연 지금 이 시대의 여성이 진정 약자란 말인가? 곤란 중에 처해진 남성에 비해 지금도 여전히 터무니없는 불이익만 받고 있단 말인가? 그렇다면 여성들의 지위, 대접, 처우, 위치, 존재, 권리가 앞으로는, 장차는 어떻게, 얼마나 더 많이 달라질 것 같은가?

물론 이런 여성관을 가지고 이런 논리, 이런 항변을 말한다는 게 얼마나 어리석고 위험한 건지 작가도 잘 안다. 그리고 반발, 반감, 불쾌, 거기다 모욕감까지 느끼게 될 여성이 많겠다는 예상까지….

그렇지만 여성들께서 작가의 이런저런 생각을 조금은 이해해 줬으면 좋겠다는 바람이 있다. 두 편의 소설 속에 처한 두 남자의 서글픔을 조금만 공감해 줄 수 있다면 작가의 이 작은 외침을 여성들께서도 이해해 줄 거라 생각한다.

어느 날부터인가 시대의 이방인이 되어버린 고립무원 신세의 남성들을 위한 작가의 나약한 엄호와 두호(斗護)를 여성들께서 한 번쯤은 눈감아 주리라 믿어본다.

서글픈 기사 옮김

"죽고 싶은데, 아니 죽을 것 같은데 죽을 수도 없네요. 그냥 앉아 있어도 숨이 차고, 잠도 안 오고 미치겠어요." 신경정신과를 찾아와 이런 증상을 호소하는 김모 씨(43세). 3개월 전 바람난 아내가 가출한 후 그는 몸과 마음의 건강을 잃었고 이젠 직장생활까지 위기에 처했다. 회사 간부사원인 그는 나름대로 평화로운 가정의 가장이었는데 아내가 골프연습장에서 만난 남성과 바람이 난 걸 확인했다. 아내를 다그치자 아내는 홀연히 집을 나갔다. 아내를 찾으러 다니고 아이들을 돌보느라 정작 회사 일은 뒷전이라 사장으로부터 "빨리 정리하지 않으려면 회사를 그만두라"는 통보를 받았다. 흰머리가 늘고 갑자기 노안이 찾아와 몇 달 사이에 10년은 늙어 보인다.

최근 아내의 외도가 늘어나면서 이처럼 병들어가는 남편들도 늘고 있다. 서울 대치동에서 병원을 운영하는 신경정신과 전문의 유상우 씨는 "4~5년 전만 해도 아내 외도가 원인인 사례가 거의 없었는데 요즘은 한 달에 1~2명"이라며 "처음엔 우울증, 불면증, 식욕부진 등을 호소하는데 심층 상담을 해보면 그 원인이 아내 외도인 경우가 많다"고 말한다.

남편은 아내보다 5배 이상 고통

보통 똑같이 외도를 해도 아내와 남편의 반응은 다르다. 아내들은 남편이 바람피운 사실을 확인하면 분노하거나 심신의 고통을 느끼긴 하지만 "남자들이란 다 똑같아" 하고 남편에게 비난의 화살을 돌리거나 친구, 언니, 친정부모는 물론 시부모에까지 억울함을 하소연하며 위로받거나 공감을 얻는다. 반면 남편은 아내의 외도를 알아도 다른 이들에게 이야기하지 못한다. 솔직히 고백할 경우 "오죽 남자가 못났으면 여자가 바람을 피웠겠느냐"는 비아냥을 듣는 것도 두렵고 본능적으로 타인이나 전문기관에 SOS를 치는 훈련이 안 되어 있기 때문이다.

수치로 표현하기 어렵긴 하지만 아내가 남편의 외도로 받는 충격이나 고통을 1이라고 할 경우, 남편은 5~6배 이상의 고통을 느낀단다. 신경정신과 전문의 김병후 씨는 "남자들은 별 의미 없이,

본능적으로 바람을 피우는 것이 대부분이고 가정도 유지하려 하지만 아내들은 다른 남자가 생기면 깊이 빠져들어 남편과의 관계(성관계 포함)를 끊거나 이혼을 결심하는 경우가 많다"면서 "또 남편에게 죄책감을 느끼면서도 '당신이 날 사랑해 주지 않아서 나를 사랑해 주는 다른 남자를 찾은 것'이라며 비난의 화살을 남편에게 돌려 남편들의 당혹감과 상처는 더욱 크다"고 설명한다. 외도를 하고도 당당히 이혼을 요구하며 오히려 가해자로 자신을 몰아가는 아내에게 남편들이 평상심을 유지하기는 힘들다.

아내의 외도를 확인한 남편들의 반응은 3가지로 나타난다. 첫째는 자학형. 분노를 참지 못해 병에 걸리는 이들로 숨쉬기 어렵다, 밥을 못 먹겠다, 자다가도 벌떡벌떡 일어난다 등의 고통을 호소한다. 둘째는 체념형. "한때 사랑했고 아이들의 엄마니 용서하자"라며 현실을 잊으려 하거나 오히려 아내가 당당하게 대꾸할 경우 어찌할 바를 몰라 체념한 이들이다. 마지막은 응징형. 아내를 폭언이나 폭행으로 괴롭히거나 상대방을 찾아가 협박을 하는 등 복수를 하는 이들이다. 유형은 다르지만 모두 엄청난 고통을 동반한다.

유상우 박사는 "이런 남편들은 우울증이 심해져 자살 충동을 느끼거나 때론 아내와 상대를 죽이고 싶은 충동을 느끼기도 해 더 적극적인 치료가 필요하다"면서 "일단 상담과 약물복용으로 분노감정을 조절한 후에 제대로 된 대화를 나누는 것이 중요하다"고 강조한다.

　남편들은 말한다. "자식 때문에 참고 산다"고. 단순히 몸과 마음만 고통을 겪는 것이 아니라 때론 범죄자가 되기도 한다. 아내가 밤마다 누군가와 채팅하고 e메일도 보낸다고 의심하던 어느 남편은 회사동료에게 부탁해 아내의 e메일을 해킹했다가 불구속 입건됐다. 한 달에도 2~3건씩 '불륜 아내 살해한 남편' 기사가 빠지지 않고 매스컴에 등장한다. 법적인 판결 역시 남성들이 보기엔 공평하지 않다.

　아이 조기유학에 동반했던 아내가 바람을 피우고 당당히 이혼을 요구해도 기러기 남편은 "가정을 소홀히 한 점이 인정되므로 재산을 분할해 주라"는 판결을 받았고, 남편 술주정과 폭력을 견디다 못해 다른 남자를 만나 가정에 소홀했던 아내에게도 재판부는 "부인도 책임 있지만 폭력적이고 강압적 방식으로 대응해 온 남편이 더 나쁘다"며 두 사람은 이혼하고 남편은 아내에게 위자료를 지급하라는 판결을 내렸다.

　"자식 때문에 참고 산다"는 말은 아내들의 고정 레퍼토리였지만 이젠 남편들이 이런 말을 한다. 아내들은 얼마든지 남편 없이도 자식들을 돌보고 키울 수 있지만 남편들은 식사 준비 등 살림이나 아이와의 대화에 익숙지 않고 생계를 위해 사회생활도 유지해야 하기 때문에 선뜻 이혼을 요구하지도 못한다. 아이는 생모가 키워야 한다고 생각하는 것도 큰 이유다. 또 신경정신과 전문의들에 따르면 남편의 경우 오래 살을 맞대고 살아온 아내에게선 아주 편안한 옷을 입거나 안락한 의자에 앉았을 때 느끼는 엔도르핀이란 호르몬, 평화롭고 친숙한 감정을 느끼는데 그런 아내가 사라지면 모든 생활의 축이 무너지는 것 같은 불안함과 허탈감 때문에 자살 충동까지 느낀다고 한다.

"유부녀가 다른 남자를 만나면 남편이 무능하거나 문제가 있다고 여기지요. 내 경우엔 아내에게 외제 자동차를 선물해 주었는데 10살 연하의 자동차 세일즈맨과 바람을 피웠습니다. 차라리 저보다 유능하고 멋진 남자와 바람났다면 이렇게 비참하거나 분하지도 않고, 내가 가정을 소홀히 했다면 반성하고 아내를 용서하겠어요. 그런데 이건 완전히 욕정에 눈이 먼 천박한 여자란 게 드러났으니… 그래 놓고도 뻔뻔하게 이혼을 해달라고 하고 재산 분할을 요구합니다. 내가 피땀으로 일군 재산을 왜 그 더러운 여자에게 줘야 합니까. 너무 억울하고 분해 미칠 것 같습니다. 요즘은 수면제와 혈압약 없이는 살 수가 없어요."

52세의 중소기업 사장인 박모 씨의 아내는 이혼을 요구하면서 언니 집에 머물고 있단다. 더욱 서글픈 것은 대학생인 자녀들의 반응이다. 어머니를 비난하기보다는 "어른들의 문제는 어른들이 해결하라, 이혼해도 상관없다"고 한단다. 그는 "아이들에게도 나는 돈 버는 기계밖에 안 되는 것 같아 내 인생에 회의가 든다"며 울먹거렸다. 가정법률상담소 곽배희 소장은 "결혼은 함께 가꾸어

가는 꽃밭과 같아서 평소에 대화를 많이 하고 서로를 존중하고 이해해 줘야 외도도 줄어들고 가정 평화가 유지된다"면서 "부부 성도덕과 가치관이 엄청난 속도로 변하는 시대엔 부부 교육이 절실하다"고 강조했다

* * *

유머라며 인터넷에 떠도는, 결코 웃음 나지 않는 유머입니다. 오죽했으면….

(갈수록 아내의 힘이 더 막강해져 가는 시대 속에는 더러 이런 남편들도 살고 있는 것 같습니다. 아내로부터 손찌검을 당해 치료 받으러 온 남편들이 병원 로비에 모여 신세타령을 하고 있었습니다. 어쩌다가 아내로부터 구타를 당했는지 40대, 50대, 60대, 70대, 80대 남편들이 차례로 털어놓기 시작했습니다.)

* 40대 남편 : 나는 어젯밤 술 먹고 늦게 들어와 아침에 해장국 끓여 달라고 했다 이렇게 됐지 뭡니까!
* 50대 남편 : 친구들과 계모임으로 외출 중인 아내에게 '어디 있냐?', '언제 들어오냐?' 전화했다고 이렇게 되었다오.
* 60대 남편 : 나는 외출 준비 중인 아내에게 '어디 가느냐?' 물었다가 이렇게 됐지요.

* 70대 남편 : 나는 여러분들처럼 그런 것 하나도 안 물었는데도 이렇게, 죽사발이 났다오.

"그럼 어쩌다 이렇게 됐습니까?"

70대 남편 : 마누라 눈앞에서 얼씬거린다고, 그 이유로 이렇게 맞았답니다.

"…"

* 80대 남편 : 나는 해장국을 끓여 달라 하지도 않고, 어디 있냐? 언제 오냐? 전화도 안 했어요. 그리고 어디 가느냐고 물어본적도 없어요. 그리고 부인님 앞에서 얼씬거리지 않았는데도 이렇게 혼만 났습니다.

"그럼, 무슨 이유로요?"

80대 남편 : 그냥… 아침에 일어나 눈떴다는 이유로요.

오늘을 살아가고 있는 이 땅 남자들의 자화상인 것 같습니다.

* * *

※ 2013년 폭염이 기승을 부리던 7월의 끝자락, 한강에서 투신한 '억눌린 남권의 잔 다르크'를 자임했던 '남성연대' 고 성재기 대표의 목소리를 옮김

* 여성들이 자꾸 '전용'을 주장하는 건 여성 스스로 약자임을

인정하는 겁니다. 진정한 페미니스트라면 부끄러워해야 합니다.

 * 여성이라는 이유만으로 국가가 전용주차장, 좌석버스, 임대주택을 만들어주면서 여성 전용이 트렌드라고 말합니다. 이 나라 여성 정책은 너무나 잘못되었습니다.

 * 남성도 약자일 수 있습니다. 사회가 부여한 남성으로서의 의무에 짓눌려 왔습니다.

 * 여성은 결혼할 땐 비용 분담을 남성 8대 여성 2로 해야 한다고 주장하면서 이혼할 땐 5대 5를 요구합니다.

 * 여성은 방송에서 공공연히 남성의 근육질 몸을 마구 더듬지만 남성은 여성의 손끝만 스쳐도 성추행범으로 몰립니다.

〈남성연대 창립선언문〉

조국

단 한 번이라도 한반도의 지도를 펼쳐놓고 주변 열강들에 비해 너무도 작고 빈약한 내 조국이 어떻게 반만년의 역사를 관통하며 우리 후손들에게 대물림해 줄 수 있었는가를 진지하게 생각해 본 사람이라면, 치열했던 그 역사에 대한 경외심만으로도 애국은 필연일 수밖에 없을 것입니다.

분단된 현실, 내 아버지들이 피 흘리며 싸웠던 적을 이념을 도구로 반사이익을 위해 옹호하는 세력들이 판을 치는 현실이 부끄럽습니다. 프롤레타리아의 심장과 부르주아의 이성으로 조국과 함께하겠습니다.

가족

세계 꼴찌의 출산율, 최고의 이혼율. 미래의 희망은 세계 꼴찌로 희박해지고 가족은 급속도로 해체되고 있습니다. 한국남성 가정 경제생활비 부담률 95.6% 세계 1위. 가족에 대한 남성들의 의무와 책임의 부담은 더욱 무겁고 다양해졌지만, 가정은 오히려 표류하며 침몰해 가고 있습니다.

원인은 페미니즘. 남자는 영원한 가해자요 여자는 영원한 피해자라는 등식에서 출발, 공적 영역은 돈과 명예를 쟁취할 수 있는 가치 있는 일이요, 사적 영역인 가정은 보잘것없고 무능력한 여성들의 억압과 착취의 공간이라는 페미니즘의 이념은 가족을 위해 헌신하는 이 땅의 모든 어머니들의 주체성을 상실한 노예로 만들었으며 남녀의 인간관계를 편협한 타산으로 갈등을 증폭시켰고 사랑에 대한 믿음을 상실케 함으로써 가정의 근본을 흔들고 있습니다.

우리는 반드시 알아야만 합니다. 세계 꼴찌의 저출산이 복지와 환경의 문제보다 분별없는 페미니즘이 이 나라 여성들에게, 사랑하는 사람을 만나 결혼을 하고 아이를 낳아 가정을 꾸려 나가는 일이 더 이상 행복이 아니라 착취요 노동이라고 가르쳤기 때문이라는 사실과 현모양처라는 말이 최상의 미덕이 아니라 무능함을 상징하는 말처럼 되어버린 현실에서 세계 꼴찌의 저출산과 최악의 이혼율의 원인을 찾아야 한다는 것을 말입니다.

부디 속지 마시기 바랍니다. 페미니즘이 여성들을 위한다고 하지만 사실은 극소수 페미니스트들의 권력을 위해 대다수 여성들로부터 인간의 가장 소중한 가치, 사랑을 강탈하고 있다는 사실을 말입니다. 당신이 페미니즘을 선택한 순간, 당신은 사랑을 포기하는 것입니다. 인간이 기댈 수 있는 마지막 희망이 사랑이라 믿고 싶습니다.

균형

평등은 인간이 법과 제도로부터 제공받을 수 있는 권리와 제공해야 할 의무에 대한 동등한 지위를 말합니다. 이러한 평등의 의미는 수치로 정확하게 구분될 수 있는 개념입니다. 그러나 평등이라는 말이 지나치게 무분별하게 사용되고 있는 요즘은, 인간관계 상호 간에도 평등을 적용하고 있으며, 이제는 부부 사이에도 평등부부라는 말을 합니다. 과연 사랑하는 남녀관계를 50대 50의 수치로 권리와 의무를 규정할 수 있는 것일까요. 이러한 표현은 사랑과 결혼의 신성함을 훼손하는 무지한 망발입니다.

사랑하는 부부라면, 어느 한쪽이 열 가지가 모자라고 다른 한쪽이 열 가지가 넘치더라도 서로 이해하고 배려하며 살아갈 수 있습니다. 그런데 그렇게 꼭 산술적 수치로 서로의 권리와 의무를 규정하고 구분해 놓는다면, 그것은 일심동체의 사랑하는 부부가 아니라 서로를 믿지 못해 구속력 있는 장치로 위안을 삼으려는 비겁한 요식행위에 불과합니다. 사랑을 믿는 사람만이 사랑을 말할 자격이 있습니다. 평등이 아니라 균형입니다. 남성과 여성의 관계가 조화로운 균형을 이루어야만 이 나라의 미래가 밝다는 것은 자명한 사실입니다.

위험한 불균형의 상징. 대한민국에는 세계 1위 규모의 여성부와 국민세금으로 월급을 받는 상근직원 숫자만 400명이 넘는 많은 여성단체들이 존재하지만, 남성들을 대변할 수 있는 남성단체는 단 한 군데도 없었습니다. 타고난 성(性)이 고루한 통념으로 인해 일방적인 의무와 책임의 기제가 되거나 반대로 일방적인 권리와 혜택의 동기가 되지 않고 인간 대 인간으로 성 균형을 이룬 사회를 위해, 남성연대, 작지만 진심의 목소리로 균형을 말하고자 합니다.

– 남성연대 창립 선언문 옮김

＊ ＊ ＊

＊ 기자는 버스를 탈 때 핑크색 덮개가 씌워진 여성 전용 구역

을 보고 그냥 지나쳐야 할 때마다, 꽉 찬 주차장에서 핑크색 선으로 그어진 큼직한 여성 전용 구역을 보고 그냥 지나쳐야 할 때마다 성 대표의 목소리가 떠올랐다. 그러면서도 여성이라는 이유로 차별받는 여성 운전자나 취업준비생 등을 볼 때면 아직 남성인권운동이 시기상조라는 생각이 들기도 했다.

(중략)

* 돈 버는 기계로 전락했다고 느끼는 가장이나 데이트 상대 여성에게 쉽게 더치페이를 말하지 못하는 분위기에 분노했던 남학생 등이 강한 지지를 보냈다.

- 2013년 7월 29일 12면(동아일보 조동주 기자의 기사에서)

* * *

개인의 작은 영달, 탐리를 위해서라면, 오직 실적만이 승진, 출세의 도구가 되어 그 꼴 난 권력을 무자비하게 남용해 대는 파렴치한 권세자들의 작태로 인해 억울한 피해자가 얼마나 양산되고 있음을 국가나 사회가 눈여겨보고 있는지, 그 누가 답변해 줄 것인가?

역시 대답은 없다. 아무도 대답하지 않는다. 자신보다 조금 더 큰 권력 가진 자가 두루뭉술 흘린 한마디에도 당장 꼬리 내리고 슬슬 기며 눈치만 보는 패려자(悖戾子)들이 오히려 득세하는 세상. 그 세상 제일 후미진 곳으로 사반(shaphan, 기피하는 동물로 분류된 바위너구리)처럼 숨어버린 비겁자들이 자신의 졸렬함엔 시침 뚝 떼고 약자들만 골라 마치 무료함 속에 여가 즐기듯 그깟 작은 권력을 거머쥐고 기고만장한다. 그런 걸 권력이라 믿고 휘둘러댄다면 이미 70여 년 전 종적을 감춰버린 줄 알았던 악랄한 일제 순사(巡査)의 음험한 시대착오적 부활일 수밖에 없다. 사실이 그렇다면, 그들은 분명 일본 압제시대 악특(惡慝)한 고등계 순사나 하나 다를 게 없다. 그들의 간악한 발톱에 낚아 채여 시뻘건 피 흘리는 억울한 선량들은 굴비처럼 엮인 제 자신의 무기력함을 통탄해할 것이다.

사특한 자들의 완악(頑惡)한 계교(計巧)에 벌거벗겨 갖은 모해(謀害)와 수욕(受辱)당할 수밖에 없어 결국 부복(俯伏)해 버리고만 자들의 실족.

지금껏 이 사회 낮은 자리에서 촛농처럼 늘 수종(隨從)만 들어왔던 그들이 바로 이 사회의 공정과 일치. 그리고 상생과 통합을 조롱하며 비웃어버린다면?

그들이 탐리(貪吏)에 눈 어두워진 이 땅 소수 힘센 자들의 영원한 적대세력이 되고 마는 건 아닐까?

소년은 낯선 서울살이 도중 일탈을 꿈꾸기 시작했다. 이미 소년의 우상이 되어버린 남진이 너무 좋았고 나훈아가 너무 좋았다. 천리 밖 고향을 떠나온 소년에겐 오로지 고향 노래만을 부르던 김상진이란 가수도 좋았다.

대중가수….

소년은 당시 딴따라라 불리던 뽕짝, 트로트 가수가 되길 원했다. 1972년 봄 신인가수 모집 선발에 나서 뽑히게 된다. 몇 달 후, 당신 얼굴이나 깎아 먹는 몹쓸 아들놈이라며 교감선생님이었던 아버지는 노발대발했다. 그런 아버지의 사생결단식 반대의 벽을 어렵사리 허물어준 조부께서 논 팔아 만든 돈을 복대에 차고 청량리역에 내렸다.

그해 겨울 명동 한복판 거리에 크리스마스 캐럴이 한창 울리던 1972년 12월 22일 저녁 무렵 오아시스라는 당대 최고 레코드회사에서 소년의 천연색 얼굴이 박힌 LP 음반이 출반되었다. 나이 열일곱 끝 무렵이었다. 금방이라도 터져버릴 것 같은 작은 가슴을 부여안고 새해 초부터 라디오 방송국 가요프로 담당 PD를 찾아다니기 시작했다. 그들은 소년이 전해주는 소위 PR비를 널름널름 잘도 받아 챙겼다. 그렇게 뿌린 PR비라는 촌지가 약발을 다해 갈 무렵이면 음반 방송 횟수가 조금씩 줄어들기 시작한다. 방송을 더 타기 원한다면 새로운 봉투를 준비하라는 사인은 늘 그런 식이었다.

가끔 방송국을 방문하던 날이면 가요담당 PD가 소년의 노래

제목이 신청곡으로 적힌 5원짜리 관제엽서를 보여주곤 했다. 그런 일을 접하게 되는 날이면 설렘과 주체치 못할 흥분에 황홀감까지 겹쳐 잠을 이룰 수 없었다. 그러나 깡촌 논밭 팔아 만들어진 시골 돈을 서울 한복판에 제아무리 뿌려본 들, 그건 서울 부자들의 코 웃음거리만 될 뿐이었다.

모든 게 역부족이었다. 전답 팔아 만든 시골 돈의 위력이 서울에서만큼은 통하지 않았다. 반포 신도시 아파트값에 비하면 그건 너무 하찮은 액수였다.

설상가상 서슬 퍼렇던 1973년 초, 비탄조라는 이유로 소년이 부른 멀쩡한 노래는 방송 금지곡으로 내몰리고 만다.

그랬다. 소년에게 세상은 너무 거대했고 너무 무서운 곳이었다. 그럼에도 소년은 결코 희망을 접지 않았다. 꿈을 거둬들일 수 없었다. 오히려 음악에 대한 집념이 한층 더 집요해진 소년은 이듬해 레코드회사 소속 작곡가 사무실을 일일이 찾아다녔다. 그리곤 마치 구걸하는 심정으로 신곡을 얻어 기어코 두 번째 음반을 내었다. 겨우겨우 얼굴을 익혀뒀던 가요프로그램 PD들을 1년 만에 다시 찾아 나섰다.

첫 앨범 때완 달리, 달랑 빈손만 들고 나타난 소년을 그들은 본체만체했다. 모 방송국 여성 PD 한 사람만이 유일하게 신곡을 수시로 방송해 주는 기이한 일을 소년은 경험했다. 저녁 무렵 외식집으로 소년을 불러낸 여성 PD는 소년을 장시간 곤혹스럽게 만들었다. 여성 PD 눈엔 소년이 어엿한 청년으로 보였던 것이다. 당황한 소년은 그 자리를 박찼다.

 소년의 신곡은 그날 그렇게 방송국 라디오 스튜디오 턴테이블에서 영원히 내려지고 말았다.

 을지로로, 명동으로, 또 무교동 밤무대로 소년은 목 품팔이할 곳을 찾아 나섰다. 한없이 어리석고 나약할 뿐인 제 주제도 모른 채 철딱서니 없는 오기를 발동시켰던 것이다. 내 손으로, 제 손으로 돈을 벌어 기어코 방송국을 다시 찾아가겠다는 지극히 열여덟다운 무모한 만용을 부리기 시작한 것이다.

 극장식 비어홀, 카바레, 지방극장 쇼 무대, 그리고 무명 연기자 일까지. 소년은 어느 것 하나도 가리지 않았다. 그러했음에도 소년에겐 모든 게 불가항력이었고 허탄(虛誕)한 것들이었다. 야간업소 대기실과 극장무대 뒤편엔 언제나 깡패 무리들이 진을 쳤다. 어느새 청년이 되어버린 소년도 깡패들의 위협을 고스란히 겪어낼 수밖에 없었다.

 육군 군악병으로 입대한 청년은 33개월간의 군 생활을 마친 뒤, 보컬그룹을 만들어 다시 밤무대로 돌아왔다. 착하고 열성을 다해 준 팀원들이었음에도 불구하고 청년은 후배들을 못살게 닦달했던 것 같다(잘 참고 견뎌준 팀원들에게 고맙고 미안했단 말을 한 번도 못하고 뿔뿔이 흩어진 게 오늘껏 마음에 걸린다. 그리고 많이, 아주 많이 보고 싶단 말을 꼭 전하고 싶지만…. 방법이 없으니 안타까울 뿐이다).

그 덕분이었는지 모르지만 팀은 밤무대에서 꽤나 잘 나가는 보컬그룹이 되었고 여기저기로부터 출연 제의도 많았다. 덕분에 생계는 해결되었지만, 청년은 다시 한 번 방송국 문턱으로 넘어갈 수 있는 능력까지 키워내진 못했다.

그렇게 무명의 서러움과 치열하게 맞서왔던 청년은 어느 날 자신의 무기력함을 절감한 채 그렇게나 갈급히 사랑했던 하드 록(hard rock)과 리듬 앤 블루스(rhythm & blues)를 가슴에 묻고 마지막 무대를 내려오고 말았다.

앙상하게 마른 가슴에 담아둔 슬로우 비트(slow beat) 리듬의 울림 때문에 청년은 꽤 오래도록 흉통을 앓을 수밖에 없었다.

어쩌면 무명이 체질화되어 버렸을지 모르는 청년도 어느 사이 중년이 되어 있었다.

와신상담, 불덩어리 같은 가슴만이 전부였던 중년. 야윈 몰골의 중년은 골방에 틀어박혀 또 다른 무명의 서러움을 기꺼이 겪고자 작심하고는 두문불출했다.

그렇게 2년여를 보낸 1998년, 지긋지긋하던 더위가 한 풀 꺾어질 무렵.

계간 문예지에 응모한 소설 당선을 계기로 쉽게 등단하게 된 남자는 또 다른 무명의 설움 길을 덜컥 자청하고 만다. 그러나 그 계기가 힘없는 남자를 또 한 번 아프게 할 줄은…. 깡마르게 야윈 남자는 전혀 예상치 못했던 일이었다. 소설을 쓴다는 게 그렇게나 자신의 육체를 쥐어짜는 일이라는 걸…. 그러한들 어쩌나, 이미 발을 깊숙이 들여놓고 말았으니… 능력이 부족하다 보니 죽을 힘을 다해 쓸 수밖에….

키 170cm에 몸무게 53kg.

지독한 어지럼증과 끔찍한 두통을 견뎌가며 쓴 소설을 연거푸 출간해 보지만 남자는 거듭거듭 실패만 겪는다. 출판사들의 야박한 홀대, 무명작가에 대한 낯가림이 특히 심했던 독자들의 싸늘한 외면을 온몸에 뒤집어쓰고 도륙(屠戮)당한 채 살 수밖에 없었던 무명의 작가는 몇 해 전, '내가 지금 너무 아프다'는 고백을 아내 앞에 하고 만다. 절필하겠다는 결연한 의지를 아내 앞에 말해 버린 것이다.

겉만 멀쩡했을 뿐, 육신이 쇠패(衰敗)하여 날마다 가슴으로 울고 있던 남자 속을 이미 오래전부터 훤히 들여다보고 있던 참 좋은 아내가 두 팔을 걷어붙이고 나섰다.

남자, 못난 지아비의 눈물을 훔쳐보고야 만 아내의 절규가 인터넷을 요동치게 만들고 말았다. 그 결과 탓이었을까? 남자의 다섯 번째 소설은 쟁쟁한 유명작가들을 제치고 온라인, 오프라인 2위라는 기적을 단숨에 만들어내었다. 그 무렵, 병약한 여자의 몸으로 긴 주림과 아픔과 힘겹게 동거해 왔던 젊은 여성 시나리오 작가의 안타까운 죽음이 있었다.

 불현듯 남자도 자신이 겪어내야 했던 고통의 시간을 떠올리지 않을 수 없었다.

 견딤이 너무 벅찰 때면 '빈센트 반 고흐'를 떠올렸다.

 살아 있는 동안 어느 누구로부터도 인정받지 못했던 불행한 화가. 물감 살 돈조차 없던 빈곤과 젊은 나이에 정신질환까지 앓다 자살한 비운의 화가.

 정신병원에 있으면서도 그림 그리는 걸 놓지 않았던, 불꽃 같은 영혼, 외로운 영혼, 슬픈 영혼의 화가 고흐.

 살아 있는 동안 세상이 전혀 알아보지 못했던 보석 같은 화가 고흐는 목사가 되고 싶어 했다고 한다. 그래서일까? 고흐의 작품들 속엔 자그마한 예배당이 유난히 많다. 눈여겨보면 그림 곳곳에 희미하게 고흐의 마음이 숨어 있는 듯하다. 견뎌내기 힘들었던, 그래서 어디에도 자신을 의지할 수 없었던 고흐의 절박함이 그의 작품 속에 묻어 있다. 그랬던 것 같다. 그는 살아생전 많은 그림을 그리는 동안 고통이 극에 다다를 때면 교회와 구원을 갈망했던 것 같다.

그랬던 것 같다.

남자에게 있어 종교는? 신앙은, 절박한 나락에서 붙잡은 초개(草芥), 마지막 지푸라기 같은 것이었다. 굳이 남자의 도피처, 은신처였다 말해도 이의를 달고 싶지 않았다. 몹시, 아주 많이, 못 견딜 만큼 허기질 때마다 넉넉히 배를 채워준, 죽음보다 더한 외로움에 덜덜 떨 때마다 남자를 껴안아줬던, 죽음의 공포 앞에 속수무책이었던 남자를 다시 살려낸 게 교회였던 것 같다. 그곳에서 공밥 먹은 게 하도 많았기에 꼭 한 번은 밥값을 내보고 싶은 소망이 그에게 늘 있었다. 꼭 한 번은 그렇게 해보고 싶었던 마음의 고백이 사흘 만에 전체 면 기사가 되어 신문에 나갔다. 언제나 가난할 수밖에 없어 지금껏 공짜 밥만 먹었는데, 만약 나에게 이번 기회를 통해 인세라는 작은 수고비가 생긴다면 나도 한 번쯤 헌금이란 걸 통해 밥값을 내어 보고 싶다. 또 한 번 인터넷에 난리가 났다.

큰 맘 먹고 남자의 책을 구매했던 소위 안티 기독교를 자칭하는 독자들의 반감은 불매, 반품 운동으로 연결되고 말았다. "내가 구매해 준 책값을 왜 교회에 갖다 바치느냐?"는 게 이유였다. 아내는 즉시 똑같은 자리, 바로 그 자리에다 그동안의 어려웠던 상황 설명을 하고 오해를 풀어달라는 글을 다시 한 번 더 올렸지만 달아오르는 반대 댓글을 누그러뜨릴 순 없었다. 수많은 네티즌들로부터 받은 격려, 위로 못잖게 더 많은 상처를 떠안게 된 아내는 그렇게 그 자리를 떠날 수밖에 없었다. 그리곤 오늘까지 그곳을 절대 찾지 않는다. 비록 그 일로 인해 남자의 베스트셀러는 단 사흘간의 지지열광으로 끝났지만, 그럼에도 불구하고 남자의 소설이 분명 큰 반향을 일으킨 건 사실이었다.

용렬해질 수밖에 없었던 남자는 아내의 든든한 붙듦에 힘을 얻고는 여섯 번째 새 소설집 속살을 독자들 앞에 또 한 번 내놓을 용기까지 내게 된다.

* * *

꿈이 증발되어 버린, 그래서 암담해진 좌절의 시대 앞에서

사람이 좋다.

여자도 좋고 남자도 좋다.

이왕이면 사람 냄새가 속속들이 박힌 그런 사람이면 더 좋겠다.

난 오늘 그런 사람을 찾아 먼지 풀풀 날리는

뙤약볕 신작로를 나섰다.

그리곤 무진 애를 끓인다.

제발,

내 힘으로 찾아낼 수 있을 만한 곳에

그 사람이 기다리고 있었으면 좋으련만….

목이 타들다, 또 더 타들다

이젠 오그라들어 숨줄까지 끊길까 봐

내가 웅크려 무섬에 떤다.

눈을 감았다.

제발,

내일 아침나절 내 처음 눈앞에, 첫발 앞에 그 사람이,

그냥 우두커니 서 있었으면….

- 꿈의 목록엔 존재치 않는 그런 사람을 기다리며

1950~60년에 태어난, 소위 '베이비부머' 세대라 불리는 그때의 사람들.

그들은 어느덧 장년이 되어버렸다. 자칫 자정을 넘겨버리기라도 하면 아무리 바깥바람을 쐬고 싶어도 절대 나다닐 수 없었던 그 시대의 사람들.

바로 그 시절, 순박하기만 했던 그 시절에나 있을 법했던 이야기를 늘 가슴에 담고 살아왔던 60~70년대 청년들을 이 사회가 이젠 잊어버리려고 한다.

이제 다시는 그들만의 과거로 회귀할 수도 없고, 그렇다고 현실 어디에도 안주할 수 없는 '베이비부머' 575세대의 고뇌와 상실감의 또 다른 이름이 여기에 고스란하다.

작가는 이 두 편의 소설을 통하여 이런 것들을 누군가에게 툭 터놓고 얘기하고 싶었다. 575세대들로선 도저히 감당하기조차 힘들게 밀려오는 신문명을 추구, 요구하는 새 세대들에게 자꾸만 소멸되어 가는 과거와 현재의 어제를 확인할 수 있는 기회가 되고, 또 숱한 질곡의 세월을 거치며 함께 살아온 동시대인들에겐 가끔씩 꺼내볼 수 있는 흑백 스틸 화보쯤이라도 되었으면 하는 간절한 바람으로 말이다.

지난 60~70년대에 소년 소녀기를 보낸 세대들 가슴속엔 그들만이 지금껏 소중히 간직해 온 사춘기라는 정말 아름다운 강이 있었다. 그리고 그들은 거침없이 그 강물로 목숨마저 내던질 수 있는 불덩이 같은 첫사랑의 시퍼런 자국도 가슴에 묻어놓고 살았을 것이다.

그러나, 그러함에도 불구하고 그들의 과거는 철저히 부정되어 왔다. 그처럼 한동안은 이 사회의 주변인으로밖에 살 수 없었던 575세대들이 바로 그들이다.

그들의 역사적 공훈은 한때 386이라 불리었던 지금의 486세대들에게 모조리 몰수당해 버리고 말았다. 민주화 투쟁에는 미온적이었고, 더러는 눈치 보기에만 급급했던 세대였다고 힐난(詰難)당했어도 그런 것에 대한 사회적 몰이해나 내몰림에 저항할 수도, 따져볼 수조차 없었던 그들은 한없이 나약한 존재로 살 수밖에 없었다. 그렇듯, 유약할 수밖에 없었던 575세대가 택정(擇定)할 수 있는 유일한 선택은 곡학아세할 수밖에 없는 줄서기, 눈치 살피기, 비위 맞추는 것에 무감각했을 뿐이었다.

완강하였던 당시의 제도와 규범에조차 적극 대적지 못하고 살았던 575세대들의 모습은 이미 거세되어 버린 그 시대 남성성의 상징일 수밖에 없었다.

종잇장만 한 살점을 겨우겨우 뜯어 마른 뼈에다 다시 붙이느라 간신히 신음 내었던 그들.

만신창이가 되고만 그자들의 탄식이 곳곳에서 들릴 때마다 '베이비부머'들은 광야의 올빼미, 황폐한 언덕의 부엉이, 차가운 지붕에서 밤을 새운 외로운 참새 신세일 뿐이었다.

이런 '베이비부머'들이 자신의 가슴에다 대고 이런 물음을 하면 어떻게 할까?

"우리 세대는 대한민국 현대사에서 과연 뭘, 도대체 어떤 역할을 해왔던가?"

정부의 살벌한 담화가 계엄군의 총칼에 얹혀 시시각각으로 공표되던 때. 유년시절, 전쟁 영화 속에서나 멋지게 보아왔던 무장 군인들이 전장터가 아닌 서울 도심 한복판에 출현했을 때. 그때 그들은 아무것도 모르는, 그래서 아무것도 할 수 없는 그런 나이들이었다. 그렇듯 당시 그들은 그런 모해(謀害)적 만행 앞에서 그냥 멀뚱할 수밖에 없었다.

엄혹한 시대가 극단으로 치달을 때마다, 절대 권력자의 충견들이 발톱을 곤두세워 계교(計巧)를 부릴 때마다 그들은 뭘 했을까?

그 많은 잔포(殘暴)자들이 멀쩡했던 민주와 자유를 괴악(怪惡)시키려 했을 때, 그들은 어디서 뭘 하고 있었을까?

그런 정권을 위해 철저한 첨병, 하수인을 자청했던 탐리(貪吏)들과 살벌한 동토 한복판으로 힘없이 내동댕이쳐졌던 사람들.

『전환시대의 논리』와 『태백산맥』을 비롯한 이데올로기 서적을 숨어 필독하며 유암 중(幽暗 中)에 고뇌했던 6월 항쟁의 주역들은 이윽고 386이라는 훈장을 달았다. 또 어느 날부턴가 그들이 486이란 새로운 훈장으로 바꿔 달 때 575, 그들은 어디서 뭘 했을까?

갓 결혼을 하고, 신혼이라는 단꿈에 젖고, 또 아무리 눈에 넣어도 아프지 않을 아이를 낳고, 각자의 일터에서 첫 출발이라는 포부에 충천 되느라 행여 격동적 세상과는 한참 동떨어져 살았던 건 아니었을까?

6.10항쟁이었다고 칭하는 그해 6월, 뙤약볕 아래서 청춘도, 목숨도 다 내던질 기세로 빼앗긴 자유를 돌려달라며 후배들이 죽기살기로 악다구니할 때 575, 그들은 과연 뭘 했을까?

고도성장이라는 절대적 가치라는 맨홀로 모든 게 빨려들어 면

죄되어 덮어버리던 시대. 그 틈바구니를 비집고 들어갔던 575들은 신사옥 높은 빌딩 속의 일원이 되었다. 그들은 그렇게 새로이 터 잡은 사무실 한쪽에 비켜서서 견고한 유리창 밖으로 내다보이는 6월 주역들의 노도 스크럼 물결을 힐끔힐끔 쳐다보기만 했던 건 아니었을까?

그들과는 전혀 무관한 척, 그들과는 전혀 다른 세상에 사는 또 다른 사람들인 것처럼….

그 무렵 자신들을 일컬어 4.19세대라며 다소 빛바랜 훈장을 다시 들고 나왔던 세대들은 지금도 이 땅의 마지막 지킴이를 자청하고 큰소리를 내고 있다. 철저한 보수주의자란 이름으로 너무나 견고하여서 막강하기까지 한 주권을 소유한 채 여전히 이 사회 곳곳을 단단하게 움켜쥔 손을 놓지 않고 있다. 지금도 그들은 영향력 대단한 보수단체의 일원이 되어 자신들만이 정해 놓은 기준, 원칙에서 절대 물러서지 않는다. 또 자신들의 비위를 건드리거나 동조하지 않고 다른 소리를 내기라도 하면 응징적 대열을 만들어 격노를 표출한다.

비록 노령일지라도 얼룩무늬 군복에 맥아더 선글라스까지 쓰고….

광부로 독일에, 오일 달러를 벌기 위해 중동으로 갈 수조차 없는 나이였던 터라 산업역군이란 이름표마저도 붙일 수 없었던 그 세대들은 그때 뭘 했던가?

최루가스와 투석이 난무하던 도심 한복판 틈바구니에 끼어 주먹이라도 한 번 불끈 쥐어본 적이 있었던가?

그렇다면 행여 야만이 득세했던 시대에 압제받았던 위, 아래 세대들의 희생 위에 그들은 별 수고도 않고 공차(空車)만 타왔던 건 아닐까?

4.19, 486세대들이 눈물로 만들어 맺어놓은 달디단 열매를 575세대들이 너무 천연덕스럽게 앉아 따먹기만 했다는 평판을 뒤집어쓰고 살았던 건 아닐까?

그래 놓고는 그런 선, 후배들 뒤꼭지에다 대고 좌빨이란 야유와 독설만 내뱉었다 오해받아 온 건 아닐까?

부자유함 속에 뼈가 굵어져 버린 탓에 어쩌면 자유 누림, 그 자체가 다른 세대들보다 오히려 더 어색했던 건 아닐까?

힘 있는 소수가 힘없는 다수를 지배하고 농락했던 시대 시대마다의 악몽을 비단 그들만 못 느끼고 살았던 건 아닐까?

청춘의 덫일 수밖에 없었던 포학한 억압으로부터의 탈출과 해방은 그들 살점에 박힌 시커먼 문신이었고 불도장이었다.

질곡의 60~70년대로부터 벗어날 수 있는 유일한 통로로 모성성에 의지할 수밖에 없었던 575세대의 암울함 때문에 작가는 지금 마음이 휑하다.

다급해진 세상 탓일까? 마음마저 왜소해져 버린 것 같은 사람들의 생각은 자꾸자꾸 좁아만 간다. 어느 사이 이렇게나 많은 세월이 우리 모르게 획 지났음에도 우둔했던 575 베이비부머들은 이미 정해져 버린 세상 이치는 보지 못한 채 괜히 조급증만 내며 그렇게 살았던 것 같다. 도처마다마다 사특(邪慝)한 자들의 계교(計巧)와 참소(讒訴)하는 혀가 널름대는 세상살이가 그들의 힘에 너무 벅찼던 탓일까?

575 베이비부머들은 앞뒤를 분간할 여유조차 없이 오직 앞만 보고 뛰어야 절대 생존할 수 있는 쾌속만능시대의 한복판에 지금 웅크려 있다. 철저한 완벽이 아니면 그 어떤 것도 용납되지 않는 살벌하고 거만한 도시 틈바구니에서 절대 고독을 껴안고 살 수밖에 없었던 그들은 날마다 탄식하며 신음해 왔던 것 같다.

드넓기만 한 세상에서 갑자기 혼자가 되어 정신적 공황에 빠져 허덕거리는 바로 자신의 자화상 앞에 그들은 자신을 제대로 방어할 기력조차도 상실하고 말았다.

자녀의 출산조차도 국가의 제한을 받아야 했던 세대였지만 그럼에도 그들의 절대적 존재일 수밖에 없던 제 부모 눈치 살펴가며 두세 자녀쯤은 낳는 게 효도의 근간이었던 시대를 살아온 게 그들이다.

첫 만남 때부터 수십 년 세월을 함께 사는 동안 그렇게나 고분고분했던 아내를 위해 책임과 의무를 멋지게 해내야 한다는 무거운 짐까지 짊어졌던 베이비부머들의 비애를 그들은 잘 알고 있다. 물론 조금은 잘난 자리에 미리 안착했던 탓으로, 좀 덜 잘난 동세대들을 전혀 공감 못 하는 또 다른 베이비부머도 있을 것이다. 또 그중에는 엄청난 고가에 팔리는 그림을 집 거실 벽에 걸어놓고 사는 575도 있을 것이다. 그런가 하면 어수선한 동네 시장 모퉁이 오래된 액자 집에서 단돈 몇 푼짜리 모조그림을 구해 좁은 현관에 매달아 놓은 575도 있을 것이다. 그렇다면 과연 그런 걸 두고 모순이라 말할 수 있을까? 이제 이런 상황은 아주 흔해져 버린 세상이지 않은가?

절대 이성적일 수 없는 욕망이라는 폭주 기관차에 너나 가릴 것 없이 동승할 수밖에 없었던 베이비부머들.

인간은 결코 이성적일 수만 없고, 오로지 욕망만을 쫓아 내달릴 수밖에 없는 존재라는 사실조차도 망각하며 살아야 했던 베이비부머들.

모난 돌멩이는 닳고 닳아 더 많이 갈아지면 부드러운 금모래 은모래가 되지만 시대의 절대적 가치였던 지식만을 잔뜩 채운 머릿속에 자리 잡아버린 삶 속 계기판은 번번이 현실에 굴복하고 말았던 것 같다.

왜일까? 그렇지만 어느 누구도 이 물음에 시원한 답을 내놓길 거부하는 것 같다. 아무리 시대정신에 뒤처진다 하더라도 오늘, 21세기의 절대적 가치가 되어버린 그렇고 그런 허욕의 허울을 유령처럼 쫓아다니는 술객(術客)이 되는 것만큼은 우리가 거부해야 할 것 같다.

순결한 정신, 정숙한 마음, 그리고 그런 바탕 위에서의 양심은 부정되고 올바름에 대한 판단마저 모호해져 버린 '베이비부머' 세대들을 작가는 한시도 외면할 수 없었다. 그런 현실의 덫, 올무로부터의 탈출과 해방, 그리고 순간의 감정에만 충실하려는 여러 세대별 공감대를 한꺼번에 확보할 수 없는 건, 어쩌면 이제 당연한 귀결(歸結)일 것이다.

긴 세월, 숱하게 겪으며 힘들쯤엔 아예 면역이 생겨버린 건 아닐까? 아니면 늘 힘들었다, 힘들었다 말하면서도 실제는 그보다 몇 배 더 큰 성취감을 맛본 뒤 오랫동안 달콤한 최면에 빠져 있었던 건 아닐까?

575세대들이 힘들여 따온 단물을 편히 앉아 받아먹는 걸 아예 당연시해 버리는 그들의 자녀들. 오늘의 시대정신만 쫓으려는 그 자녀들의 염치없는 고정관념 앞에 '베이비부머'들 육신의 에너지는 이제 고갈되어 버렸다. 지금 그들에게 남은 것이라곤 야윈 생살을 무자비하게 뜯기는 일뿐이다. 575세대, 그들만이 접하며 익혀온 것들은 이제 절대 받아들이지 않으려는 서슬 퍼런 21세기 신문명 앞에 그들은 벌거숭이로 살 수밖에 없을 것이다.

언제나 새롭고 쇼킹한 것만을 최고의 가치로 여기는 새 세대들의 요구를 쫓아다니려 부끄러운 줄도 모르고 비척거리며 헐떡거리는 '베이비부머'들이 지금 하도 아파 숨어 울고 있다.

허영과 사치, 그리고 무질서와 무분별. 거기다 몰상식까지 한 이 세태를 비판하고 싶지만 혹여 봉변이라도 당할까 봐 움츠려 드는 유약함, 비굴함 탓에 스스로 모멸감을 느껴야 하는 용렬한 575 '베이비부머'들.

양심의 가치는 철저히 부정되고 그들이 몸에 익혀왔던 명철한 판단은 물론 정체성마저 송두리째 잃어버린 절박함 앞에 발을 동동 구르는 그들을 세상은 이제 잊으려 한다. 그렇지만 작가는 그들을 한시도 놓치지 않으려 몸부림쳐야 한다. 그것은 동시대를 함께 살아온 작가의 발목에 채워진 영원한 족쇄일 것이다.

오직 풍족한 것에만 매몰되어 사느라 앞뒤 분간 없이 살아온 동시대인들과 동류의식을 공유한다는 건… 요원한 걸까?

그렇지만 그들, 575세대들의 가쁜 숨소리에 귀 기울여줄 동료를 손꼽아 기다려보는 희망만은 접지 않고 싶다. 사회적 몰이해와 그들 눈에만큼은 몰지각해 뵈는 완패(頑悖)한 세대들에게 내

몰려버린 나약한 '베이비부머'들을 위해서라도….

퍼내고 또 퍼내도 끝이 없는, 수심 깊은 그들의 동료를 우린 꼭 만나야 한다.

그리고 그들의 눈물을 닦아주며 위로해 줄 책임을 이 시대 속 누군가가 맡아줘야 한다.

더더욱 섬세해져 버린 첨단의 시대 한복판에 벌거벗은 몸으로 서 있는, 남성성마저 거세돼 버린 575세대들의 가치는 과연 이대로 소멸되고 말 것인가?

긴긴 세월을 사는 동안 수없이 닥쳐와 그들의 목줄기를 비틀고 옥죄였던 제도와 규범. 그리고 그렇게나 엄중했던 책임성엔 단 한 번의 대응조차 못 해본 '베이비부머'들.

이렇게까지나 야박해져 버린 이 시대로부터 깡그리 몰수당해 버린 그들만의 정체성을 회복해 줘야 할 책임의 통로가 이 사회에 있어야 하지 않겠는가?

어떻게 하든 궁핍의 절망을 벗어날 수밖에 없어, 빈농의 아들이라는 그 이유만으로 생존에 사생결단할 수밖에 없었던, 그래서 그 흔한 민주화 부르짖는 것조차 사치라며 눈치꾼으로 살아갈 수밖에 없었다는 그들의 옹색한 변명이 너무 슬플 수밖에 없는 건 그들 스스로가 만들어낸 그들만의 핑계며 궤변일까?

어느 누구도 절대 원치 않았던 전쟁으로 폐허 된 국가는 그 시대 주역들에게 산업화 역군이 되길 요구했고 그들은 무조건 순응했다. 그런 획일 사회가 수명을 다해 갈 무렵, 봇물처럼 터진 민주화 요구시대 중심엔 또 다른 세대의 민주투사가 새롭게 달라질 세상 주역이 되었다. 그랬던 시대정신에 익숙할 대로 익숙해진 575세대 앞에 지금 전혀 낯이 선 새 시대가 버티고 있다.

극단적 이기주의, 개인주의가 마치 이 시대의 절대적 가치 아니냐며, 이젠 '가족주의'조차 외면하고 오로지 '나만의 행복쟁취, 나만의 성취, 나만의 만족'을 위해 무섭게 질주하는 전혀 낯선 세대들이 눈앞에 버티고 있음을 '베이비부머'들이 아무런 준비 없이 보고만 것이다.

그리곤 난감해한다. 어리둥절해한다.

자신들로선 도저히 따라붙을 수 없다고 여겨지는 다중성 인격자들로 즐비한 세상에서, 그들과 어떻게 함께 살아갈 수 있을까 싶어 그들이 지금 당황하여 허둥대고 있다.

전부(全部)를 얻었지만, 또 전부를 잃고 전무(全無)가 되었지만…. 그게 무슨 대수일까?

지나고 보면 모든 게 허무할 뿐인 것을….

사랑이 넘치는 곳엔 결코 욕망이란 괴물이 보이지 않았다. 그러나 욕망이 즐비한 곳엔 쾌락만 보였다. 그 쾌락의 운무가 걷어질 무렵엔 고통만 남는다는 걸, 욕망과 쾌락의 끝이 인간을 옥죄는 올무라는 걸, 덫이라는 걸 세상이 끝끝내 가르쳐주지 않는다.

함부로 소유 당했다가, 함부로 버림당한 우리들 속에 내가 있다. 우리가 그렇게 버린 남자들이 지금 이 도심에 즐비하다. 음습한 욕망의 늪에서 정신을 잃고 함께 살았던 남자들이 지금 처지 비슷한 베이비부머들을 응시하며, 서로의 길을 터주려 정신을 세우려 하지만 역부족임을 절감한다.

정글 도시의 양날 협공에 숱하게 죽임당했던 남자들이 지금 만장행렬처럼 길게 늘어선 버스 종점에서 40년 전 차장 누나들 가슴에 엎드려 유령처럼 울고 있다.

"지금, 내가 너무 아프다"며 꺼이꺼이 울고 있다.

인생에도 깊은 밤은 있다. 어쩌면 그런 인생이 아주 작은 우주일 수 있다.

이른 아침에 피어나기 위해 꽃은 밤새 준비를 한다. 만약 그런 밤이 없었다면 아마 꽃은 피지 못했을 것이다. 이렇듯 만물은 고요 속에서 한참을 침묵한다.

그래서일까? 유령과 달리 인간은 밤을 두려워했다. 어둡고 외로움에 몸부림치며 처절한 실패와 성취의 희열, 눈물까지도 껴안고 살아야 했던 시대의 희생자들. 그렇게나 깊고 깊은 밤을 만나 함께 살아야 했던, 그래서 자신의 힘으로는 결코 노래조차 부를 수 없었던 그들이, '베이비부머'들이 지금 흐느끼고 있다.

비록 목숨처럼 움켜쥐고 사랑해 왔던 것들을 하나하나씩 잃어가느라 입술이 떨려 차마 노래하지 못했지만 그들도 남들 모르게 '인생의 종점'이란 노래를 사무치게 불러보고 싶을 것이다.

갈수록 시간은 넉넉해지고, 머릿속은 빈 강정처럼 텅 비어 진 공상태일진데….

그럼 그 머릿속과 가슴속을 이젠 무엇으로 채워야 할까?

흡사 우상과도 같은 가시를 품에 잔뜩 안고 사는 동안 잠시의 쉼도 없었던 '베이비부머'들. 그들의 뒤를 쫓아 나설 수밖에 없었던 작가적 고통의 심연(深淵)이 아무리 어둡고 길지라도, 단잠을 줄이고 새벽길도 마다치 않고 그들을 찾아 나서는 길에 그들도 기꺼이 동행해 줄 것 같은 확신이 어리석어 보이지 않게 되길 소망해 본다.

이젠 제발, '베이비부머' 스스로가 세워놓은 황무(荒蕪)한 우상을 처절하게 깨트리고 부인하는 그런 자기 부인이 여기저기서 터져 나오길 기다려 보고자 한다.

부디, 소설적 재미나 완성도 기준으로 재단하여 견책하거나 힐문(詰問)하지 말고 우리 사회에 엄존하고 있는 800만 '575 베이비부머'들의 도정(道程)을 또 다른 가치로 인정하는 데 인식을 함께 해 주길, 동참해 주길 부탁하고 싶다.

나락으로 떨어지고 있는 그들에게 무관심하고 혐원(嫌怨)하기보다는 호사한 파티와 드높은 명성에만 집착하는 자들. 그리고 온갖 허영과 사치의 단물을 맛봐버린 또 다른 세대들을 향해 경책(警責)의 쓴소리 마다치 않고, 자신들만의 성채를 쌓아온 시대의 겸손한 마지막 거인들로 불러주면 어떻겠냐는 바람을 가진다면 지나친 과욕이 될까?

그냥, 정도를 지키며 살아온 내 아버지 마음에, 가슴에 드리워진 서늘한 그림자를 제때 은휘(隱諱)치 못한 어버이들의 눈물 밴, 날가리 같은 흑백 사진첩이라 생각해 주면 안 될까?

부계사회는 꽤 오래전에 무너져 버렸다.

지금 세상은 양계사회의 틀에 의해 돌아가고 있다. 그렇지만 아주 먼 고려시대엔 모계사회가 존재했었다니 아이러니가 아닐 수 없다.

21세기의 모던.

어렵잖게 예상되는 게 있다. 21세기 이전의 모던은 이제 곧 모조리 사라지고 말 것이다.

그리고는 수백 년을 거슬러 올라간 새로운 모계사회가 이 사회에 도래하고 말 것 같다.

시대의 거스름이란 걸 돌이켜보면 흡사 노도 같지 않았던가?

X세대라는 광풍이 멀쩡하던 이 사회에 파란을 일으켰던 일이

있었다.

 부모의 말을 절대로, 죽어도 듣지 않으려 했던 그 X세대들이 어느덧 40대 중반이 되었다. 그 X세대를 선동했던 상징적 선구자 서태지의 나이가 어느새 그렇게 되고 만 것이다. X세대라는 특수를 무기 삼아 제 부모 속을 어지간히도 뒤집었던 그 X세대들이 이젠 또 다른 세대의 자기 자녀 일로 골머리깨나 썩게 된 것이다.

 엘비스 프레슬리, 카펜터스, 닐 다이아몬드 같은 가수의 노래만 즐겼던 베이비부머 세대들이 어느 날부턴가 나그네 설움, 울고 넘는 박달재가 좋아 흥얼거리게 되었듯이 그 X세대들 역시 10~20년 뒤, 목포의 눈물과 동백 아가씨를 노래방에서 열창하게 될지 누가 알겠는가?

 공허한 몸짓과 윤기 나는 입술로만 외쳐대는 유별난 사랑이 난무한 세상 한복판에 가슴 따뜻하고 다정한, 거기다 책임까지 질 줄 아는 재덕겸전(才德兼全)한 주인공을 만들어보는 게 이번에도 너무 어려웠다. 아무리 욕심을 부려봐도 황폐해진 결핍을 묵묵히 이겨낼 수 있는 그런 부자 주인공 하나를 만들어내지 못한 게 안타까울 뿐이다. 동심에 많은 상처를 입고 자란 까맣고 키 작았던 575세대들의 응어리를 편집하고 위로해 보고자 악전고투해 봤지만, 그랬지만 역부족이었다.

그것은 언제나 곁길에 서 있어야만 했던 힘없는 무명작가의 한계인 것 같다. 그렇지만 작가는 그 일을 결코 포기할 수 없는 무거운 운명을 등에 지고 사는 것 같다.

새로운 자유

다 잃어버렸음에도 불구하고 새로운 걸 다시 찾아 나서야 하는 새로운 자유 추구의 의무를 발견한 것 같다.
기어코 자유를 얻어낸 575세대(50년대에 출생한, 70년대 학번, 50대) 1955년~1963년생 800만의 '베이비부머'들과 함께하는 일.
그래서 그들과 함께 자유로워질 수 있는 지각 있는 청종(聽從)함을 꿈꿔본다.

이 글을 쓰는 동안 가장 고통스럽고 그리웠던 게 자유였다. 오직 사람을 통해서만 그 자유를 얻을 수 있었건만 우매무지한 작가는 그 쉬운 것도 모르고 허상만 좇느라 세월을 허송했던 것 같다. 그동안 내가 아팠던 만큼 이 책을 읽게 될 독자들은 행복했으면 좋겠다.
어느 누구를 막론하고 세월을 훌쩍 떠나보내고 돌아서면 그들 역시 이 책 속 주인공이 되고 마는 것. 그들도 먼 후일 또 다른 작가에 의해 수고에 대한 응식(應食)을 받게 되길 소망해 본다.

비록 덧없는 세월 앞에 쇠미(衰微)해져 버렸을망정 누구든, 그들만의 시퍼런 청춘으로 다시 한 번 회정(回程)해 보고 싶은 작은 욕심만큼 모두, 모두가 행복해졌으면 좋겠다.

비록 그 삶들이 힘에 겨운 멍에였을지라도 세대가 함께 나눠 멜 수 있다면 결코 힘들지도, 아프지도 않을 테니 말이다.

글을 쓰는 동안 번민이 참 많았다.

독자들 앞에 처음으로 별 필요치 않은 흉허물을 다 내보이고만 것 같다. 일방적이고 편협하다는 오해를 받고도 남을 만한 자가당착적 함몰 우려성도 충분히 느꼈었다. 하지만 그러함에도 불구하고 작가는 뻔뻔해지는 걸 마다치 않기로 했다.

생각이 혼란스럽고 마음마저 유약해져 흔들릴 때마다 나를 붙들어준 게 있었다. 바로, 지금껏 부족한 작가를 위해 끊임없이 편(便)을 들어준 소수의 독자들이다. 용렬한 작가보다 더 작가다운 독자께서 주신 전자편지.

그 편지가 지금도 무능한 작가를 채찍질하며 붙들어주고 있는 게 분명한 것 같다.

* * *

잃어버린 줄 알았던 인생의 한 귀퉁이를 어렵사리 찾아낸 것 같다. 작가는 우리 세대의 삶을 이 소설에 녹여낸 것 같다. 안락의자에 앉아 최첨단 영상과 음향으로 무장된 영화를 보는 세대들에게 광목포장 둘러쳐진 가설극장 이야기를 들려주고 싶어진다. 찬 이슬 내린 자갈 바닥에 주저앉아 걸핏하면 끊어지던 낡은 필름이 다시 이어지길 기다렸던 그 시절을 이 소설처럼 말해 주고 싶다. 왜냐하면? 내가 바로 575세대니까. 새로운 세대들이 알 수 없는 낭만의 코드를 내가 잘 알고 있으니까….

— 명락노인 종합복지관장, 세명대학교 겸임교수 장세우

사실상 아웃사이더로 외면받아 온 '베이비부머' 세대. 이 시대를 사는 사람들이 놓치고 있는 순결과 정숙. 그리고 양심의 가치는 부정되고 있음을 안타까워하는 것이 작가와 우리 세대의 외침이기도 하다. 지금 같은 컬러 시대에도 흑백 화보의 가치는 나름의 빛을 발하는 것처럼 작가의 주장 또한 더없이 소중하게 느껴진다.

— 대전일보사 제작국장 남재건

아빠의 흔적을 몰래 엿본 것 같다. 아니 그 시대를 속속들이 훔쳐본 것 같다. 풍요를 누리며 순간의 감정에만 매몰되어 온 나에게 이 소설이 낯설 줄 알았지만 결코 그렇지 않았다. 아빠의 가슴이 이렇게나 휑하다는 걸 몰랐다. 죄송하다는 생각이 든다. 그래서 마음이 시리다. 물론 아빠만큼일 순 없지만….

- 주식회사 R&P 양미경

* * *

세월 앞에 장사 없다는 말을 절감한 어깨 야윈 575 남자가 며칠 전 중학 동창모임을 다녀왔습니다. 재벌 친구는 없지만 그래도 한땐 아파트 평수가 은근한 자랑거리였지만 이번엔 큰 평수가 애물단지라 말하는 친구들이 많았답니다. 제가 사는 아파트 단지도 큰 평수, 작은 평수의 시세 차이가 거의 없어졌습니다. 가만히 생각해 보면 엄청난 변화인 게 분명한 것 같습니다. 좁고 작으니 청소하기에 좋을뿐더러, 연료비 적게 들어 좋고 아늑하기까지 해 더 좋다고 입을 모았습니다.

아내의 샤워 소리가 무섭다고 몇 해 전 모임에서 엄살떨었던 친구들이 요즘은 또 이렇게 산다는 농을 진담처럼 걸쭉하게 내놓더군요. 집안에서 진동하는 곰탕 냄새가 너무 무서운 나머지 곰탕집 가는 게 싫어졌다고 했습니다. 그리고 무슨 일이 있어도 황혼 이혼만큼은 절대 당하지 말아야 한다는 넋두리 성 푸념에 절실히 공감한 고향 친구들과 작별을 나눴습니다. 해 질 무렵에야 집으로 돌아온 남자가 책상 모서리에 우두커니 서서 한참을 눈감고 있다가 먼지 낀 볼펜을 손에 쥡니다.

그리고는 이렇게나 못나 빠진 마음을 스스로에게 나무라듯이….

이렇게 적었습니다.

> 못 견디게 아름다웠던 한나절이 휙 지나버렸다.
>
> 일일이 부여잡았던 40년 묵힌 친구들의 정겨운 손, 그 손들을 다시 놓고 싶지 않았지만, 그럴지만 어쩔 수 없이 놓고야 말았다.
>
> 그래도 다행히 지금까진 주변에서 흔히들 말하는 삶의 신경통 같은 건 아예 느껴볼 여유 한 번 없이 바삐 살아왔지만….
>
> 그럴지만 이제 곧, 얼마 안 있어 그런 동통을 지독히 느끼게 될 날이 올까 봐 솔직히 두려워지는 요즘이었다.
>
> 움푹 들어간 볼, 거기다 반백에 숱까지 확 줄어든 머리, 골 깊게 팬 주름 따윈 들여다볼 여유조차 없이 살았던, 검불 같았던, 상전벽해 같았던 우리들의 세월.
>
> 그리고 혼망했던 우리네의 서글픈 삶.
>
> 가식과 허위의 시대를 맨몸으로 간곤자(艱困者)처럼 살아내었다는 사실.
>
> 하지만 그 굽이굽이 음부(陰府) 같았던 시대들과 불화하

며 살았던 걸 지금 다시 돌아다 보면 오히려 그런 포학(暴虐)적 세월이 우리의 자산이 되었을지 모른다, 에둘러대고 싶은 충동을 느낀다.

우리의 아득한 청춘이 묻혀 있는, 고향을 같이한 개복쟁이 친구들을 이렇게나마 만날 수 있다는 걸 생각해 보면 그건 참 아름다운 행복인 것 같다.

조금씩 사그라져가는, 끊어져가는 우리 청춘의 얼기설기 한 꿈을 다시 이어주는 신통력 가진 고향 친구들. 그런 친구들을 우린 별 수고도 않고 오늘 만났다.

생각해 보면 이보다 더 감사한 일이 없는 것 같다.

생존이라는 본능만을 방패 삼아 무수한 삶의 공격을 온몸으로 막아내야 했던 우리 또래는 이제 곧 지난 세월의 회한을 아프게 느끼며 통회, 자복하는 노년의 블랙홀로 빠져들게 될지 모른다.

만년에서야 핍절(乏絕)치 않고 누리게 된 흥왕(興旺)한 경제적 안정이 과연 우리의 '허'한 곳을 채워줄 것인지에 대한 믿음이 왜 안 가는지 도무지 모르겠다.

못 견디게 아름다워 너무 행복했던 한나절이 눈 깜빡할 사이 획~ 지나고 말았다.

벼르고 또 별러 만나러 나섰던 친구들과 다음 만날 기약도 못정한 채 허망하게 돌려보내고 왔다.

 돈으로는, 욕심으로는, 애씀만으로는 쉬 얻을 수 없는 친구를 내가 가졌다며 걸핏하면 자랑 삼았던 친구들이 잠시 전 내 손아귀에서 놓아졌다.

 언제….

 그럼, 언제… 언제 또 만날 수 있을꼬?

 겨우 한나절, 눈곱만 했던 시간.

 열 몇 살짜리 빡빡 소년으로 돌아가 청춘시절을 실컷 떠들어 봤지만….

 우린 결국 얼마 안 있어 쉰을 훌쩍 넘겨버린 무지무각(無知無覺)한 중늙은이로 내몰리게 되겠지만….

 그럼에도 불구하고 마음만은 청춘이 되어 어제와 하나 달라진 게 없는 일상으로 다시금 돌아오고 말았다.

 하나님께서 우릴 솎아낼 때를 예감조차 못 하게, 설마 또 세월이 우릴 더 뺑뺑이 돌리진 않겠지?

 그렇게 믿고, 오늘 같은 다음을 학수고대해 봐야겠지?

 사랑하는 사람은 보면 볼수록 더 보고 싶듯이,

 우리 또한 방금 헤어지고 말았으니 분명 더 보고 싶어질 거야.

 아주, 아주 많이 아프게 보고 싶어질 거야.

 그런 마음 아림이 너무 많이 쌓여 더 많이 아파지기 전에 또 만나야제?

흙먼지 풀풀 날리던 신작로 저편에서, 아니면 더 멀리 뵈던 나무 전봇대 뒤에 숨어….

그 옛날 우리를 설레게 했던 까무잡잡한 건넛마을 소녀를 하염없이 기다렸던 것처럼….

오늘도 내일도, 그렇게 깨복쟁이 친구들을 기다려야 되것제?

탈고가 가까워질 때쯤,
두 편의 묶음 소설집 제목을 두고 갈등이 많았다.
'너싱(Nothing)'과 '전부 전무(全部 全無)'
비록 그렇게 제목을 붙이진 못했지만, 그럼에도 난 두 제목을 쉽사리 접어버릴 수 없었다.
'너싱', '전부 전무' 아니면 그냥 '전무' 어쩌면 그게 옳았을지도 모른다.
어차피 우리 인생은 '너싱' 아닌가?
'나는 빈털털이'… I who have 'nothing'이 정답 아닌가?

♬
너를 사랑할 땐 한없이 즐거웠고
버림받았을 땐 끝없이 서러웠다.
아련한 추억 속에 미련도 없다마는

너무도 빨리 온 인생의 종점에서
싸늘하게, 싸늘하게 식어만 가는
아~ 내 청춘 꺼져가네

♪

너를 사랑할 땐 목숨을 걸었었고
버림을 받았을 땐 죽음을 생각했다
지나간 내 한평생 미련도 없다마는
너무도 짧았던 내 청춘 종점에서
속절없이, 속절없이 꺼져만 가는
아~ 한 많은 내 청춘

저녁나절 내내 이 노래(최희준의 '종점')가 입 안에서 떠나지 않았다.

♪

아~ 서글펐다. 내 청춘이 꺼져가고 있다는데…
한 많은 내 청춘이 속절없이 꺼져간다니….
한없이 슬플 수밖에….

그렇게나 어수선한 밤을 보내고 파란 아침이 눈앞에 닿을 무렵, 핸드폰에서 물방울 소리가 들렸다.

무명이란 꼬리표와 무명이란 딱지가 하나씩 붙어 있는 우둔한 작가를 위해 분에 넘치는 사랑을 쏟아주는 아주 좋은 분으로부터 문자 편지가 배달되었다.

세계 역사상 최대 업적의 35%는 60~70대에 성취되었고 23%는 70~80세 노인에 의하여, 그리고 6%는 80대에 이르러 성취되었다고 합니다.

결국 역사적 업적의 64%가 60세 이상의 노인들에 의하여 성취되었다는 사실입니다.

파테레프스키는 70세에도 피아노 연주회를 가졌으며, 베르디는 80세에 오페라 '오셀로'를, 85세에 '아베마리아'를 작곡했습니다. 미국의 부호 벤더필트는 70세 때 상업용 수송선 100척을 소유했는데, 83세로 죽기까지 13년 동안 1만 척으로 늘렸습니다.

미국 현대 화단에 돌풍을 일으킨 '리버맨'은 은퇴하려던 차에 어떤 아가씨의 충고를 받아들여 단 10주간 그림 공부를 한 뒤, 그림을 그렸는데 그때가 81세였습니다. 그는 101세에 스물두 번째 개인전을 가졌는데, 평론가들은 그를 '원시적 눈을 가진 미국의 샤갈'이라고 격찬했습니다. 모세는 80세에 하나님의 부름을 받아 민족해방의 일선에 섰습니다.

조지 잘루키는 60에 은퇴한 후 유럽에서 ACN을 시작하여 73

세가 된 지금 연봉이 100억 대에 육박하여 ACN 최고의 수입을 올리고 있습니다.

자신에게 주어진 마지막 시간까지 최선을 다해 살았던 사람은 결코 후회하지 않았습니다.

소포클레스가 『클로노스의 에디푸스』를 쓴 것은 80세 때였고, 괴테가 『파우스트』를 완성한 것도 80이 넘어서였습니다. 다니엘 디포는 59세에 『로빈슨 크루소』를 썼고, 칸트는 57세에 『순수 이성비판』을 발표하였고, 미켈란젤로는 로마의 성 '베드로 대성전'의 돔을 70세에 완성했습니다.

베르디, 하이든, 헨델 등도 고희의 나이를 넘어 불후의 명곡을 작곡하였습니다.

지금의 나는 혹여, 나이를 핑계로 생의 새로운 도전을 주저하고 있는 건 아닌가요?

절대 포기하지 마십시오. 기회는 늘 다가오고 있습니다.

"닳아 없어지는 것이 녹슬어 없어지는 것보다 낫습니다."

– 희망나무 양, 보냄

575, '베이비부머'로 불려지는 사람들.

그렇습니다. 그 사람이 분명 주인공이지만 그 사람 주변인들 역시 이 책의 주인공이 될 것입니다. 그렇습니다. 그래서 작가는 이 책을 옆에 끼고 머나먼 곳 당신을 만나기 위해 우체통이 보이는 곳으로 달려갑니다.
 우리 모두는, 우리 모두를 이렇게 간절히 사랑하고 있다는 걸 꼭 말하고 싶기에….
 이렇게….